교실에서 찾은 법 이야기

생각하는 어린이 사회편 ⑯

교실에서 찾은 법 이야기

초판 인쇄	2025년 02월 20일
초판 발행	2025년 02월 25일
글쓴이	하영희
그린이	히쩌미
펴낸이	이재현
펴낸곳	리틀씨앤톡
출판등록	제 2022-000106호(2022년 9월 23일)
주소	경기도 파주시 문발로 405 제2출판단지 활자마을
전화	02-338-0092
팩스	02-338-0097
홈페이지	www.seentalk.co.kr
E-mail	seentalk@naver.com
ISBN	979-11-94382-09-6 73300

ⓒ 2025, 하영희

- 저작권법에 의하여 한국 내에서 보호를 받는 저작물이므로 무단전재 및 복제를 금합니다.
- KC마크는 이 제품이 공통안전기준에 적합하였음을 의미합니다.

KC	**모델명** 교실에서 찾은 법 이야기 **제조년월** 2025. 02. 25. **제조자명** 리틀씨앤톡 **제조국명** 대한민국
	주소 경기도 파주시 문발로 405 제2출판단지 활자마을 **전화번호** 02-338-0092 **사용연령** 7세 이상

리틀씨앤톡은 씨앤톡의 어린이 브랜드입니다.

교실에서 찾은 법 이야기

하영희 글 | 히쩌미 그림

리틀
씨앤톡

> 작가의 말

행복하고 안전하게 살 수 있도록 돕는 약속, 법

    법이라고 하면 딱딱하고 어렵게 느껴질지도 몰라요. 하지만 법은 단순히 지켜야 하는 규칙이 아니라, 우리가 더 행복하고 안전하게 살아갈 수 있도록 돕는 약속이에요. 法(법)이라는 한자를 보면 물 수 변(氵)이 들어가 있어요. 이는 물이 흐르듯 법도 우리 생활에 맞게 자연스럽게 흘러가야 한다는 뜻을 담고 있지요. 옛날부터 법은 우리 삶과 조화를 이루며 부드럽고 유연한 존재로 여겨져 왔어요.

    저는 어린이 여러분이 법이 우리 일상생활과 얼마나 밀접하게 관련되어 있는지 느끼고, 나중에 법이 필요할 때 스스로 알아보고 대처할 수 있는 용기를 가졌으면 하는 마음으로 이 책을 썼어요. 그래서 초등학생들이 실제로 겪을 수 있는 사건들을 법을 통해 해결해 가는 에피소드로 이야기를 풀어 냈지요. 책을 읽으며 "아! 이게 법이구나!" 하고 느낄 수 있었으면 좋겠어요. 우리 주변에서 일어나는 일들, 친구들과의 갈등, 약

속, 그리고 규칙들을 생각해 보면, 법이야말로 우리를 도와주는 멋진 도구라는 걸 알 수 있을 거예요.

　이런 법률적 사고방식, 즉 문제를 분석하고 공정하게 판단하며 합리적으로 해결하는 태도를 '리갈 마인드(Legal Mind)'라고 해요. 리갈 마인드는 단순히 법률 지식을 아는 것을 넘어, 문제를 체계적으로 분석하고, 편견 없이 상황에 맞게 해결책을 찾는 능력을 포함해요. 현대 사회가 점점 복잡해질수록, 갈등을 해결하고 자신의 권리를 적극적으로 주장할 수 있는 태도가 더욱 중요해지고 있어요.

　어린이 여러분이 법을 더 친근하게 느끼고, 공정함과 정의의 가치를 스스로 생각하며 실천할 수 있는 멋진 어른이 되는 데 이 책이 도움이 되길 바라요.

하영희

차례

작가의 말　4

제1장　헌법에 의거한 공정한 선거

선거 전에 빵 쿠폰을 주겠다고?　10
선거가 왜?　19
찾았다, 헌법!　22
그래서 지금은?　28

제2장　헌법에 보장된 국민의 권리, 기본권

우리 학교에도 엘리베이터가 필요해요　34
기본권이 왜?　45
찾았다, 헌법!　48
그래서 지금은?　54

제3장　범죄와 벌을 정하는 형법

아이스크림 도둑을 잡아라　58
사실을 말한 것이 왜?　67
찾았다, 형법!　71
그래서 지금은?　75

제4장 형법에 따른 형사 처벌

철봉 아래에서 돈을 주웠어요   80
주운 물건이 왜?   89
찾았다, 형법!   91
그래서 지금은?   94

제5장 사적 관계를 규정해 놓은 민법

친구끼리 그럴 수도 있지   102
계약이 왜?   111
찾았다, 민법!   115
그래서 지금은?   118

제6장 신의성실의 원칙을 규정한 민법

빌려주고 속 좁은 사람이 되어 버렸어   124
계약서에 없는 내용이 왜?   134
찾았다, 민법!   137
그래서 지금은?   140

제1장

헌법에 의거한 공정한 선거

선거 전에 빵 쿠폰을 주겠다고?

선거에 이길 필살기

민재가 아침 등굣길에 찬규를 보고 달려갔어요.

"찬규야, 같이 가. 계획대로 우리 삼촌이 만들고 있는 거북이 빵에 대한 소문은 잘 내고 있지?"

"아오, 요즘 빵 이야기랑 네 칭찬까지 하고 다니느라 목이 다 아프다."

"정말 고마워. 나 3학년 때 선거 나갔다가 달랑 한 표 나와서 아직도 집에서 놀림받고 있다니까. 초등학교 마지막 학년인데 이번엔 꼭 뽑혀야 해."

민재 말에 찬규가 대답했어요.

"그런데 가원이와 윤이 쪽도 만만치 않아. 어제 영어 학원에서 선생님이 피자를 사 주셔서 그거 먹으면서 애들하고 얘기를 좀 해 봤거든. 가원이를 회장으로 뽑겠다는 애들이 많더라고."

"가원이야 2년이나 회장을 했으니 그럴 테지. 근데 최윤은 왜? 전학

온 지 얼마 되지도 않았잖아."

"어제 우리 학원에 최윤이 들어왔는데 성격도 좋고 처음 본 사람하고도 금방 친해지더라. 운동도 잘해서 인기도 많고, 선거 포스터를 만들어 주겠다는 애들도 있었어."

민재는 활발한 성격에 친구들도 잘 챙겨서 인기가 많아요. 하지만 회장에 뽑힌 적은 없어요. 민재는 몇 주 전 단짝인 찬규에게 자신을 후보로 추천해 달라고 부탁했어요.

2년째 회장을 한 모범생 한가원, 전학생 최윤, 류민재 이렇게 세 명의 후보가 나왔어요.

"우리 엄마가 가원이 엄마랑 친해서 맨날 가원이랑 비교하시는데 이번에 또 가원이가 회장이 되면 더 힘들어질 거야."

찬규가 푸념하자 민재가 거들었어요.

"가원이는 부회장에게 자기 일까지 떠넘기면서 선생님 앞에서만 열심히 일하는 척한다니까. 자기 것만 챙기고 아주 얄미워."

"점심시간에 너희 삼촌 오시는 거 맞지? 이제 믿을 건 쿠폰밖에 없어."

"걱정 마. 오늘 아침에도 삼촌에게 확인했어."

동네에서 유명한 빵집을 운영하는 민재 삼촌은 고객의 반응도 듣고 홍보도 할 겸 빵 쿠폰을 발행해요. 새로 나온 빵을 먹고 설문지만 작성

하면 원하는 빵을 한 개 더 주는 쿠폰이에요. 삼촌은 초등학생의 취향을 알아본다며 민재에게 가끔 이 쿠폰을 여러 장 줘요. 덕분에 민재의 인기도 덩달아 올라갔어요.

이번에는 이길 수 있을까?

교실에 들어서니 삼삼오오 모여 회장 선거에 관해 이야기하느라 반 분위기가 평소보다 들떠 있었어요.

"보나 마나 가원이가 되지 않겠어? 공부도 잘하고 리더십도 있잖아."

가원이를 중심으로 모여 있던 아이 중 한 명이 팔짱을 끼고 큰 소리로 말했어요. 그러자 찬규가 눈살을 찌푸렸어요.

"공부만 잘한다고 대표가 되냐? 주변 친구들도 도와주고 재미도 있어야지."

찬규의 말에 누군가 작은 목소리로 말했어요.

"맞아. 가원이는 학급 회의 시간에 친한 애들한테만 말할 기회도 많이 주고 결정도 자기한테 유리한 대로 해."

"이번에는 정말 이길 수 있을 것 같아."

민재가 속삭이자 찬규가 다른 학생들도 잘 들리게 일부러 큰 소리로 물었어요.

"뭐? 오늘 점심시간에 삼촌이 개발한 빵 쿠폰을 가져온다고? 어떤 맛일지 너무 궁금하다."

그러자 몇 명이 새로 나온 빵이 뭐냐며 관심을 보였어요.

민재와 찬규는 점심시간 종이 울리자마자 교문 앞에 나가서 삼촌을

기다렸어요. 그런데 한참을 기다려도 삼촌은 보이지 않았어요.

"설마 잊어버렸거나 오다 사고가 난 건 아니겠지?"

민재는 혼잣말을 하며 보안관 선생님께

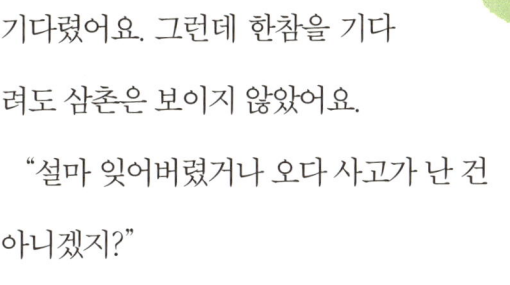

삼촌이 맡겨 놓은 물건이 없는지 물었어요. 이제 점심시간이 몇 분 남지 않았는데 큰일이에요. 찬규가 먼저 교실로 들어가고 민재는 선생님께 급한 일이 있다고 말씀드리고 밖에서 삼촌에게 전화했어요.

연결음이 열 번도 넘게 울렸지만, 삼촌은 받지 않았어요. 계속 휴대폰을 잡고 있었지만 결국 점심시간이 끝나는 종이 울리고 민재는 교실로 뛰어갈 수밖에 없었어요.

"쿠폰 받아 왔지? 빨리 돌리자. 한가원이랑 최윤 쪽 애들이 포스터랑 피켓 꺼내고 난리야."

교실 앞까지 나와서 기다리던 찬규에게 민재가 빈손을 펴 보였어요.

"아니, 없어."

"뭐야? 정말 안 오신 거야?"

찬규의 눈이 커졌어요.

쿠폰이 있었더라면

곧 선생님이 들어오고 선거가 시작되었어요. 두 번의 회장 경험을 살려 1등 반을 만들겠다는 가원이의 연설이 끝나자 아이들이 환호했어요. 하지만 몇 명은 시큰둥한 표정이었어요. 민재는 학교에서 가장 즐거운 반을 만들겠다고 했고, 꽤 여러 명이 웃으며 박수를 보냈어요. 그리고 최윤은 졸업반인 만큼 모두와 좋은 추억을 만들겠다고 했어요. 특히 교내 행사에 소외되는 학생이 없도록 노력하겠다고 했어요.

투표 결과 최윤 열 표, 류민재 아홉 표, 한가원 일곱 표, 기권과 무효가 두 표 나왔어요. 겨우 한 표 차이로 지다니, 민재는 억울했어요. 그래서 방과 후 교문 앞에 기다리고 있던 삼촌을 보자 울상이 되어 뛰어갔어요.

"왜 이제 온 거예요? 내가 얼마나 기다렸는데. 전화해도 안 받고."

삼촌이 그제야 웃으며 새로 나온 쿠폰을 건넸어요.

"오늘 회장 선거했다며? 학원에 배달 나갔다가 듣고 일부러 지금 왔어. 뉴스에서 후보자들이 선거 때 금품을 주고받다가 걸린 이야기 너희도 들어봤지? 물론, 학급 회장 선거에 어른들의 선거법이 적용되는 것은 아니어서 불법은 아니지만, 쿠폰을 받아서 뽑았다는 소리를 들으면 회장이 된 뒤에 얼마나 부끄럽겠어."

삼촌의 말에 민재와 찬규는 깜짝 놀랐어요.

"쿠폰은 물건을 직접 주는 것도 아니고 빵은 선거 이후에 받는 건데 그것도 안 돼요?"

"물론이지. 선거 이후에 주기로 약속하는 것도 안 돼. 어른들의 선거였다면, 그렇게 물건이나 돈을 주면서 선거 운동한 게 밝혀지면 당선이 취소되기도 해."

그 말을 들은 민재는 등골이 오싹했어요. 빵 쿠폰을 나눠 주고 표를 더 받아 회장이 되었어도 기쁘기는커녕 망신스러운 일이었을 거란 생각이 들었지요.

선거가 왜?

선거 전에 쿠폰을 주는 것이 왜?

🔍 선거가 뭐지?

선거는 조직이나 집단이 투표를 통해 대표자를 뽑아 의사 결정을 하는 절차를 말해. 한 나라나 지역에서 어떤 중요한 일이 있을 때 모든 사람이 모여서 결정하면 좋겠지만 매번 다 같이 한 장소에 모여 의논하고 투표를 하는 것은 어려워. 그래서 사회 구성원의 의견을 대신해서 중요한 일을 결정할 대표를 직접 뽑아서 중요한 지위를 부여하는데 이를 대의민주주의라고 해.

우리나라는 헌법에 대통령과 국회의원을 선거로 선출한다는 조항이 있어. 대통령은 국가를 대표하는 사람이고 국회의원은 법률을 만드는 입법기관인 국회에서 일하는 사람들이어서 이들을 뽑는 선거는 국민이 정치에 참여할 수 있는 중요한 제도야. 그래서 선거를 민주주의의 꽃이라고도 말하지.

🔍 공정한 선거를 위한 법적 제도

만약 부도덕하거나 능력이 부족한 사람을 학급 회장으로 뽑으면 어떤 일이 벌어질까? 반에서 벌어지는 문제가 해결되지 않거나 갈등이 끊이지 않을 거야. 한 나라의 대통령, 또는 국회의원 같은 공직자가 그렇게 역량이 부족한 사람이라면, 국민의 생활은 힘들어지겠지.

그래서 선거를 통해 어떤 사람을 뽑는지는 아주 중요해. 선거가 올바르고 공정한 절차를 거쳐야 하는 이유지. 헌법에서는 선거의 기본 원칙을 정해 놓고 국회에서 헌법 정신을 실현할 법률을 만들어. 그중 하나가 선거를 공정하게 하고자 만든 공직 선거법이야.

공직 선거법은 선거를 하는 사람의 자격과 후보가 될 수 있는 사람의 자격, 그리고 선거 운동을 하는 범위 등 여러 기준을 정하고 이를 어겼을 경우 부과할 벌금과 징역 등 벌칙을 규정하고 있어. 예를 들어 공직 선거법 제230조는 선거 운동과 관련하여 돈이나 물건, 기타 이익을 주거나 약속하는 행위를 금지하고 있고, 제118조는 선거 이후에도 선거구민에게 답례품을 주는 걸 금지하고 있어.

공직 선거법은 투표가 공정하게 진행되도록 감시하고, 부정 선거를 방지하는 다양한 제도를 마련하고 있어. 선거관리위원회가 투표와 개표를 책임지고, 모든 과정이 투명하게 이루어지도록 돕는 일도 그중 하나야.

공정한 선거를 위한 헌법의 법칙

헌법에서 찾은 선거

헌법 제41조 1항 국회는 국민의 보통, 평등, 직접, 비밀 선거에 의하여 선출된 국회의원으로 구성한다.

헌법 제67조 1항 대통령은 국민의 보통, 평등, 직접, 비밀 선거에 의하여 선출된다.

헌법은 국회의원과 대통령을 선출할 때 공정한 선거를 위해 보통 선거, 평등 선거, 직접 선거, 비밀 선거라는 4대 원칙을 규정하고 있어.

보통 선거는 일정한 연령이 되면 다른 조건이나 제한 없이 선거에 참여할 수 있다는 원칙을 말해. 재산이나 인종, 성별 등의 조건에 따라 일부 사람들에게만 선거권이 주어진다면 보통 선거가 아닌 제한 선거가 돼.

평등 선거는 한 사람 당 한 표씩만 투표권을 가지는 것을 말해. 조건에 따라 두 표나 그 이상의 투표를 할 권한이 주어진다면 평등 선거가 아닌 차등 선거가 되지.

직접 선거는 선거인이 중간 선거인을 두지 않고 직접 대표자를 선출하는 원칙이야. 선거인이 직접 투표하지 않고 선거인단을 따로 모아서 대표를 뽑는 것을 간접 선거라고 해.

비밀 선거는 투표한 내용을 공개하지 않는다는 원칙이야. 어느 후보자에게 투표했는지 비밀을 보장함으로써 투표 전에 압력을 받거나 투표를 마친 뒤 불이익을 당하는 걸 예방하려는 거야.

법 중에 최고 법, 헌법

아동 복지법, 학교 급식법, 도로 교통법 등 법은 그 종류도 여러 가지야. 하지만 모든 법이 다 똑같은 힘을 가진 것은 아니야. 법에도 위아래가 있는데 그중 가장 높은 법은 바로 '헌법'이야. 국가를 운영하는 데 가장 중요하고 기본적인 원칙을 담고 있기 때문이지.

우리나라 헌법은 제1조 1항에서 '대한민국은 민주공화국이다.'라고 선언하고 있어. 민주공화국이라는 말이 낯설지? 민주공화국은 나라의 주인인 국민이 선출한 대표자가 국민을 위하여 운영하는 국가를 말해. 왕이나 일부 귀족들이 다스리는 나라가 아니라는 뜻이지. 이렇게 헌법은 국가의 통치 원리를 정하고 있어.

또, 우리나라 헌법 제10조에는 '모든 국민은 인간으로서의 존엄과 가치를 가지며, 행복을 추구할 권리를 가진다.'라고 규정되어 있어. 이렇게 헌법은 개인의 인권을 분명하게 확인하고 보장해 주는 역할을 하기도 해.

헌법 이외의 모든 법은 만들거나 수정할 때 헌법에 위배되어서는 안 돼. 즉, 헌법은 '법이 지켜야 할 법', '법 중의 왕'이라 할 만큼 한 나라의 모든 법과 제도를 받쳐 주고 있는 뼈대와 같은 거지.

악법을 바로잡는 방법

범죄 피해를 입거나 사고를 당하면 경찰에 신고를 하면 되고, 개인이 체결한 계약 내용을 이행하지 않으면 민사 소송으로 해결하는 방법이 있어. 이는 각각 형법, 민법의 규정에 따라 처리되고, 형사 재판이나 민사 재판에는 그 외에도 수많은 법과 해당 조항들이 적용돼. 그런데 재판의 근거가 되는 법 자체에 불만이 있는 경우는 어떻게 할까?

우리나라에는 헌법과 관련된 사건을 판결하는 헌법 재판소가 있어. 헌법 재판소에서는 '위헌 법률 심판'을 하는데, 위헌 법률 심판이란 재판 중인 사건에서 그 사건에 적용될 법률이 헌법에 위배되는지 여부를 가리는 심판이야.

법원이 어떤 법을 토대로 재판을 할 때, 그 법이 헌법에 맞지 않는 것 같다고 생각하면 위헌 법률 심판을 요청할 수 있어. 또는 재판을 받는 사람이 "이 법이 정말 공정한지 확인해 주세요!"라고 법원에 요청하면, 법원이 그 요청을 받아 위헌 법률 심판을 하도록 요청할 수도 있지. 헌법 재판소가 판단했을 때, 해당 법률이 헌법에 위배된다고 판단하면 그 법은 효력을 상실해.

헌법 재판소는 다섯 종류의 재판을 하고 있어. 첫째는 잘못된 법을 바로잡는 '위헌 법률 심판', 둘째, 대통령, 장관 등 고위 공무원이 잘못하는 경우 파면시키는 '탄핵 심판', 셋째, 정부 기관끼리의 다툼을 해결하는 '권

한 쟁의 심판', 넷째, 헌법의 가치를 어긴 정당에 대한 '정당 해산 심판'과 마지막으로, 법률이나 국가 기관이 개인의 기본권을 침해할 경우 국민을 지켜 주는 '헌법 소원 심판'을 해.

지식플러스

형식적 법치주의의 상징, 독일 나치법

히틀러는 입법부의 권한인 법을 만드는 권리를 행정부에게 주는 법을 통과시키면서 기존의 민주주의 헌법인 바이마르 헌법을 무력하게 만들었어요. 이는 형식적 법치주의를 악용한 사례로 꼽히죠. '형식적 법치주의'란 법의 내용보다는 법의 형식을 중시하는 것으로, 국가 권력의 행사가 법이 정한 형식에만 맞으면 그 내용을 문제 삼지 않는 것을 말해요. 반대로 법률의 형식뿐 아니라 목적과 내용도 정의와 일치해야 한다는 원칙이 '실질적 법치주의'예요. 헌법 재판소의 위헌 법률 심판 제도는 바로 실질적 법치주의를 가능하게 하는 제도예요.

궁금해, 법의 의미

사회에서 여러 사람들이 함께 생활하다 보면 갖가지 갈등이 생겨. 이런 문제를 해결하고 질서를 유지하기 위해 사회 구성원이 서로 따르고 지켜야 할 것으로 기대되는 행동을 사회 규범이라고 해. 사회 규범에는 법, 도덕, 관습 등이 있는데, 그중 도덕은 자신의 양심에 따라 자율적으로 따라야 할 도리지.

법은 국가가 수많은 규범 가운데 반드시 지켜야 할 사회적 약속들을 뽑아서 만든 규범이야. 독일의 법학자 옐리네크는 "법은 최소한의 도덕이다."라는 말을 했어. 법은 인간이 지켜야 할 여러 도덕 가운데에서도 필수적으로 꼭 지켜야 하는 사항을 정해서 강제력을 부여한 규범이라는 뜻이야.

법이 왜 필요해요?

법은 사회 구성원들이 지켜야 하는 규칙이자 기준이야. 법은 분쟁이 생겼을 때 공정하게 해결할 수 있는 기준을 제시해 주기도 하고, 여러 갈등 상황들을 예방하기도 하지. 개인의 자유와 책임 사이에 균형을 잡아 주는 역할을 하는 거야.

또 강자가 무력이나 폭력 등 힘으로 약자를 괴롭히는 경우를 방지하고, 개인의 생명과 재산을 지켜 주는 역할을 하기도 해. 그리고 국민의 안전이나 건강을 고려한 기준을 마련함으로써 여러 가지 사고나 유해 환경으로부터 국민을 보호하고 우리가 쾌적하고 건강하게 살 수 있도록 사회 질서를 유지하는 역할을 해.

  법이 없다면 더 강한 권력을 가진 사람이 약한 사람의 권리와 자유를 빼앗는 것을 막을 방법이 없을 거야. 법을 잘 지키며 사는 사람에게 법은 안전한 울타리 역할을 해 주는 셈이지.

지식플러스

조선시대 헌법 '경국대전'

우리나라에서 가장 오래된 통일 법전은 '경국대전'이에요. 조선 시대 이전에도 법은 있었지만 중국 당나라의 법을 빌려 오거나 관습, 왕의 명령에 따르게 되어 있었어요. 그래서 태조 이성계는 조선을 세우면서 오래도록 변하지 않을 체계적인 법을 책으로 만들고 싶었어요. 이런 노력이 계속되어 조선이 건국된 지 100여 년 만인 성종 때에 '나라를 다스리는 큰 법전'이라는 뜻인 '경국대전'이 편찬되었어요. 경국대전은 나라를 다스리는 데 필요한 정치적 사상과 국가 조직, 교육, 토지, 조세 제도 등의 내용을 담고 있어요. 후대 왕들도 이를 기본법으로 삼아 나라를 다스렸고 그 후에 나오는 법전도 '경국대전'을 기본으로 삼았으니 조선 최고의 법전이라 불릴 만하지요.

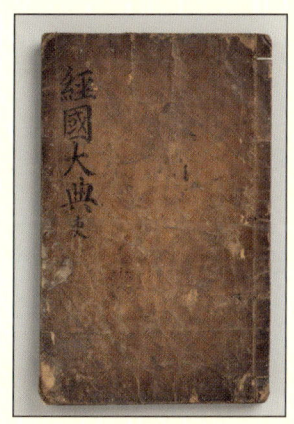

경국대전
ⓒ 국립민속박물관

교과서 속 법 키워드

#헌법 나라의 가장 중요한 약속이에요. 국민의 권리와 의무, 정부의 역할, 그리고 법의 기본 원칙을 정해 두는 법이에요.

#선거의 4대 원칙
- 보통 선거: 누구나 정해진 나이가 되면 투표할 수 있어요.
- 평등 선거: 한 사람당 한 표씩 투표를 행사할 수 있어요.
- 비밀 선거: 내가 누구에게 투표했는지 아무도 알 수 없어요.
- 직접 선거: 내가 직접 후보를 골라 투표해요.

#헌법 재판소 헌법을 지키는 일을 하는 곳이에요. 법이 헌법에 맞는지, 국민의 기본권이 잘 보호되는지 판단해요.

#법치주의 모두가 법을 따라야 한다는 원칙이에요. 나라의 지도자도, 국민도 법 앞에서는 똑같아요. 법이 공정하게 지켜질 때, 사회가 안전하고 평화로워요.

제2장

헌법에 보장된 국민의 권리, 기본권

우리 학교에도 엘리베이터가 필요해요

동생이 돌아왔어요

작년 겨울 방학에 동생 준희가 교통사고를 당한 후, 준용이의 생활은 완전히 바뀌었어요. 부모님이 병원에서 준희를 돌보는 동안 준용이는 집에서 혼자 밥을 차려 먹으며 학원을 다녔어요. 그사이 온몸을 크게 다친 준희는 힘든 재활 훈련을 이겨내고 휠체어를 탈 수 있게 되었어요. 하지만 의사 선생님은 앞으로 스스로 걸을 수 없게 될 거라고 말했어요.

봄이 오고 준희가 퇴원을 하자 부모님은 준용이와 준희를 엘리베이터가 있는 학교로 전학시키려고 했어요. 준용이는 교통 법규를 위반한 사람 때문에 동생이 걷지 못하게 된 것도 화가 나는데 친구들과 떨어져야 하다니 억울했어요. 그래서 부모님께 전학을 가지 않겠다고 말씀드렸어요.

"친구들이 도와주면 제가 준희를 2층까지 데려다줄 수 있어요."

"어쩌다 한두 번도 아니고 어떻게 매번 도움을 받니? 최대한 가까운

학교로 알아볼게. 전학해도 이 학교에서 만난 친구들과 종종 만날 수 있을 거야."

엄마 말씀도 맞지만 준희가 새 학교에 적응할 수 있을지도 걱정이었어요.

"엄마도 준희가 작년에 입학했을 때 친구들과 잘 지낼 수 있을지 걱정하셨잖아요. 아는 사람도 없는 학교에서 휠체어까지 타고 다니려면 더 힘들 거예요."

"저도 친구들이 도와준다고 약속했어요. 전학 가기 싫어요."

준희의 말에 아빠가 말씀하셨어요.

"그럼 당장 전학을 가는 것도 쉽지 않으니 1년만 더 다니면서 방법을 찾아보자."

새로운 고민이 생겼어요

아침 일찍 아빠 차를 타고 교문 앞에 도착하면 준용이가 휠체어를 꺼내고 아빠가 준희를 휠체어에 앉혀요. 처음에는 지나다니는 아이들이 쳐다보곤 했지만, 이제 매일 봐서 그런지 익숙한 듯 그냥 지나쳐 가요. 준용이는 교문을 지나 1층에 있는 2학년 교실까지 동생을 데려다줬어요. 가끔 준희가 2층 소강당에서 수업을 하면 쉬는 시간에 준희의 담임 선생님을 도와 준희를 2층까지 데려다줘야 해요. 친구들이 여러 명 같이 오면 동생을 휠체어에 태운 채로 다 같이 들고 올라가기도 했어요.

준희는 수업이 끝나면 엄마가 퇴근하실 때까지 도서관에서 시간을 보내다가 함께 차를 타고 집으로 가요. 준용이는 2학년 수업이 끝나면 준희를 1층 교실에서 2층 도서관으로 데려다주지요.

이때 도와줄 친구가 두 명 필요해요. 준용이가 준희를 업고 계단을 올라가면 친구 두 명이 휠체어를 들고 같이 올라가 줘요. 그런데 아주 가끔 도와줄 친구가 없는 경우가 있어요. 그러면 준용이는 혼자 준희를 업고 2층까지 올라가서 도서관에 내려놓고 다시 1층으로 내려가서 휠체어를 들고 올라와요.

"오빠, 나 무거워서 업고 다니기 힘들지? 오늘은 오빠 친구들 없어?"

"무겁긴. 하나도 안 무거워. 원래 도와주던 친구 중에 수빈이는 다리를 다쳤고, 민규는 갑자기 안 보이고, 정찬이는 선생님이 찾으셔서 갑자기 교무실에 갔어. 뭐, 혼자 할 수 있는데 부탁할 필요가 있나 싶어서 그냥 왔지."

하지만 준용이는 동생에게 말한 것과 달리 괜히 섭섭한 마음이 들었어요.

"잠깐 화장실 다녀왔더니 혼자 가기냐?"

갑자기 사라졌던 민규와 교무실에 갔던 정찬이가 헐레벌떡 뛰어왔어요.

친구들을 보자 준용이는 친구들에게 미안하기도 하면서, 자신이 내년에 졸업을 하고 나면 준희는 어떻게 지낼까 하는 생각이 들었어요. 앞으로 준희의 학년이 올라갈수록 음악실, 과학실, 미술실 등이 있는 2, 3층에서 하는 이동 수업이 많아질 거예요. 준희가 남에게 도움을 청하는 것도 힘들겠지만 주변에 사람이 없으면 그마저도 불가능해요. 준용이는 걱정이 깊어만 갔죠.

모두를 위한 엘리베이터

준용이는 고민 끝에 담임 선생님께 말씀드렸어요. 그리고 새로운 사실을 알게 되었어요.

"공공시설 및 건물에 장애인용 엘리베이터, 경사로, 화장실 등을 설치하도록 법에 규정이 있어. 우리 학교도 몇 년 전에 설치하려고 했었는데 이번 기회에 다시 요청해야겠다."

"네? 준희 한 명을 위해서 엘리베이터를 만든다고요?"

선생님이 웃으며 말씀하셨어요.

"그럴 리가. 장애인을 위한 시설을 갖추는 건 모두를 위한 일이기도 해. 헌법에도 평등권과 교육의 의무가 명시되어 있어. 우리나라 사람이라면 누구나 누리고 수행해야 할 기본권과 의무야. 장애인이라고 해서 예외가 아니지."

"그런데 왜 그동안 엘리베이터를 만들지 않았던 거예요?"

"건물 구조상 설치 부적합 판정이 나왔기 때문이란다. 허가를 다시 받기도 어렵겠지만 설치하는 데도 시간이 많이 걸릴 거야."

담임 선생님이 다시 신청해 보겠다고 하셨지만 준용이는 기다리고만 있을 수 없었어요. 엘리베이터가 언제 설치될지 확실히 알아야만 전학을 갈지 말지 결정할 수 있으니까요. 내년 3월까지 이 문제가 해결되지 않는다면, 준용이와 준희는 다른 학교로 갈 수밖에 없어요.

며칠 뒤, 준용이는 부모님과 의논 끝에 서명서를 만들기로 했어요. 그리고 부모님 도움을 받아 만든 서명서를 들고 단골 분식점에 가지고 갔어요. 친구들과 떡볶이를 시켜 놓고 기다리는데 주인아저씨가 동생과 등교하는 모습을 자주 봤다고 하시며 서비스로 음료수를 주셨어요. 친구들이 감사 인사를 하며 신나게 먹는 동안, 준용이가 용기를 내어 말했어요.

"저……, 부탁이 하나 있는데요, 제 동생이 학교에 엘리베이터가 없어서 전학을 가야 해요. 그래서 서명 운동을 하고 있는데, 동참해 주실 수 있을까요?"

"그럼, 그런 일이라면 당연히 서명해야지. 그런데 여긴 고등학교도 있고 학원이 많아서 번잡하잖니. 그래서 서명 받기 쉽지 않을 거야. 게다가 한 명을 위해서 그런 비용을 써야 하냐고, 예산 낭비다 뭐다, 말들이 많을걸."

그러자 수빈이가 붕대를 감은 자신의 다리를 내밀며 말했어요.

"우리 모두 언제든 다치거나 아플 수 있어요. 저도 요즘 계단으로 다니기 너무 힘들어요."

준용이도 간절한 마음으로 말씀드렸어요.

"우리 학교에 장애인이 없었던 건 우리 동네에 장애인이 없었던 게 아니라 장애인이 다닐 수 있는 학교가 없었기 때문이에요."

"전동 휠체어를 타고 다니시는 우리 할아버지도 저를 보러 학교에 오실 수 있어요."

정찬이도 한마디 거들었어요. 주인아저씨는 준용이와 친구들의 이야기를 듣고는 주변 상인들과 손님들을 설득해 보겠다며 서명서를 몇 장 달라고 하셨어요.

용기를 얻은 준용이와 친구들은 학원이나 단골 가게, 그리고 아파트 주민들에게도 서명을 받으러 다녔어요. 아파트 부녀회장님, 사무소장님도 서명 운동을 함께하시겠다며 서명서를 여러 장 가져가셨어요.

준용이와 부모님은 엘리베이터 설치 업체를 검색해서 학교 행정 실장님과 상담을 하러 다녔고, 오래된 건물에도 엘리베이터를 설치하는 공법이 있다는 업체를 찾았어요. 그리고 교육청 담당 부서에서 학교로 현장 방문을 나와 설치가 가능한지 다시 진단하기 시작했어요.

마침내 설치가 가능하다는 답변이 나오자 교장 선생님은 준용이가 가져온 600여 명의 동의서를 첨부해서 신청서를 제출했어요. 그리고 서명 운동을 함께한 어른들이 교육청 관계자들과 지역 의원들을 찾아다니며 설치 기간이 너무 길어지지 않도록 협조를 요청했어요.

많은 사람들의 노력으로 다음 해 동생은 혼자서 엘리베이터를 타고 이동 수업을 받을 수 있게 되었어요. 그리고 아픈 학생들과 무거운 물건을 옮기는 사람들도 엘리베이터를 이용했고 휠체어를 타고 다니는 선생님도 새로 오셨대요.

기본권이 왜?

기본적인 권리와 국가의 책임

🔍 **대한민국 국민이라면 누구나 누려야 할 권리**

　우리나라 헌법은 모든 국민이 인간으로서의 존엄과 가치를 가지며, 행복을 누리고, 인간다운 생활을 할 수 있도록 국가에게 요구할 권리가 있다고 규정하고 있지. 그리고 국가는 이러한 기본적인 권리를 보장할 의무가 있어.

　국민 모두에게 적용되는 사항이므로, 예외가 있어선 안 될 거야. 그런데 인간으로서 기본적으로 누릴 일상생활에 큰 불편이 생기는 경우는 어떨까?

　준희처럼 휠체어를 타고 다니는 사람도 그 예가 될 수 있어. 장애인에게는 건물 입구나 거리의 작은 턱도 거대한 산과 같아. 그래서 장애인용 화장실, 경사로, 엘리베이터 같은 시설이 없으면 혼자 힘으로 학교에 다니거나 일하러 가기가 무척 곤란해. 누구든 마음대로 이동할 수 있는 권리가 없다면, 헌법상 기본권을 누리고 있다고 느끼기 힘들 거야.

 헌법은 또한 '모든 국민은 법 앞에 평등하다'라는 평등권과 '모든 국민은 능력에 따라 균등하게 교육을 받을 권리를 가진다.'라는 교육권에 관해 규정하고 있어. 여기서 평등은 절대적인 평등이 아니라 상대적인 평등이며, '같은 것은 같게 다른 것은 다르게' 대한다는 의미야. 따라서 장애인

은 비장애인과 마찬가지로 헌법에 의해 국민으로서의 권리를 보장받고, 적절한 배려를 받아야 해. 학교에 엘리베이터를 설치하는 것도 헌법상 보장된 기본권을 지키기 위한 일인 거야.

🔍 우리의 일상을 지켜 주는 헌법

헌법은 우리가 살아가는 일상생활과 밀접하게 연결되어 있어. 학교에 가거나, 친구와 놀거나, 여행을 가거나, 이런 모든 순간에도 헌법이 우리를 보호하고 있어. 예를 들어, 우리 동네에 깨끗한 공원이 있다면 그건 헌법이 보장한 쾌적한 환경에서 살 권리 덕분이야. 또, 우리가 밤에 안전하게 길을 다닐 수 있는 것도 헌법이 국가에게 국민의 안전을 지킬 의무를 맡겼기 때문이야.

헌법은 단순히 큰 법이 아니라, 우리가 행복하게 생활할 수 있도록 돕는 든든한 약속이지. 헌법이 없다면 내 권리가 무엇인지 알기 어려울 거야. 하지만 헌법이 있기에 우리는 국가에게 도움을 요청하거나 잘못된 것을 고칠 기회를 얻을 수 있어. 헌법 덕분에 우리의 일상이 더 평화롭고 행복해질 수 있는 거야.

국민의 권리와 의무인 기본권

헌법에서 보장하는 국민의 기본적인 권리

권리는 어떤 이익을 주장할 수 있는 자격을 말해. 그중 태어나면서부터 하늘로부터 부여받은 인권, 즉 인간으로서 어떤 경우라도 침범받아선 안 될 권리를 '천부 인권'이라고 해. 헌법은 국가가 꼭 지켜 주어야 할 국민의 기본적인 권리를 규정해 놓았어. 이를 '기본권'이라고 해.

우리나라 헌법에 규정된 기본권은 다음과 같아.

기본권에 가장 먼저 나오는 건 인간의 존엄과 가치, 행복 추구권이야. 이는 모든 기본권을 포괄하는 본질적인 개념으로 제10조에 규정되어 있어. 이 개념을 기반으로 평등권, 자유권, 참정권, 청구권, 사회권이 기본권으로 보장돼.

   평등권은 신분이나 종교, 성별, 출신 지역 등을 이유로 차별받지 않고 동등하게 대우받을 권리야. 기회를 공평하게 주기 위해서 차별을 금지한다는 뜻이고 무조건 똑같이 대우한다는 뜻은 아니야.

자유권은 개인이 행복을 추구하기 위해 국가의 간섭을 받지 않고 자유롭게 생각하고 행동할 권리를 말해.

　참정권은 정치에 참여할 수 있는 권리를 말하고, 대통령이나 국회의원을 뽑을 수 있는 선거권, 선거에 출마할 수 있는 피선거권, 그리고 국가의 중요한 정책을 직접 결정할 수 있는 국민 투표권이 여기에 속해.

　청구권은 권리를 침해당했을 때 국가에 도움을 신청할 수 있는 권리야. 공공시설 설치를 요구하거나 재판을 신청하거나 국가의 불법 행위로 손해를 입은 경우 배상을 받을 수 있는 권리 등이 있어.

　사회권은 인간다운 생활의 보장을 요구할 수 있는 권리를 말해. 교육을 받을 권리, 일할 기회를 요구할 권리, 쾌적한 환경을 요구할 권리 등이 여기에 속하지.

헌법에서 정하는 국민의 의무

　헌법에는 국민의 권리만 있는 것이 아니라 국민으로서 마땅히 해야 할 의무도 있어. 의무는 권리와 반대로 어떤 것을 하게 하거나 하지 말라고 부담을 주는 일이야. 권리에는 책임과 의무가 따른다는 것 알지?

만약 모든 국민이 세금을 내는 것이 아까워서 탈세를 한다면 국가는 도로나 상하수도 등 공공시설을 짓거나 경찰서, 소방서 등 국가 기관을 운영할 수 없을 거야. 국민이 권리만 주장하고 의무를 소홀히 하면 국가도 국민의 기본권을 보장할 수 없어. 의무를 다하는 것은 나와 다른 사람의 권리를 보장받기 위해 꼭 필요한 일이야.

헌법에 규정된 국민의 의무는 나라를 지켜야 할 국방의 의무, 세금을

국방의 의무

근로의 의무

교육의 의무

납세의 의무

내야 할 납세의 의무, 자녀가 교육을 받게 할 교육의 의무, 개인과 나라의 발전을 위해 일할 의무, 재산을 국민 전체의 이익에 알맞게 사용할 의무, 그리고 후손들에게 쾌적한 환경을 물려줄 의무가 있어.

일반적으로 '국민의 4대 의무'라 하면 국방, 근로, 교육, 납세의 의무를 말해.

권리와 의무의 충돌

헌법은 국민의 권리를 보장하는 동시에 국민의 의무도 정해 놓았어. 그런데 어떤 사람의 자유권이 다른 사람의 행복 추구권을 방해한다면 어떻게 해야 할까?

다양한 사람들이 함께 살아가는 사회에서 권리와 의무는 각자 처한 입장에 따라 충돌하기도 해. 이럴 때는 먼저 상황을 분석하고 서로의 입장을 공감해야 해. 그리고 합리적인 해결책을 찾는 자세가 필요해. 이 과정에서 당사자의 권리와 의무가 균형을 이루는 것이 중요해.

국가에서는 여러 가지 법과 제도로 개인 사이에 벌어지는 갈등을 최소화하는 장치를 마련해 두지만, 각자가 자신의 권리 이전에 의무를 생각하고, 공동체 안에서 올바른 시민 의식을 가짐으로써 법 없이도 자발적으로 함께 더불어 사는 좋은 사회를 만들어 나갈 수 있어.

지식플러스

헌법의 생일, 제헌절

제헌절은 대한민국이 헌법을 만들어 발표한 1948년 7월 17일을 기념하는 국경일이에요. 대한민국이 외세로부터 독립해 자유민주공화국가로 출발한 날이기도 하지요. 우리나라가 독립을 선언하고 헌법을 공포한 것과 같이 미국도 영국으로부터 독립을 선언하고 헌법안을 최초로 채택한 1787년 9월 17일을 기념해 이 날을 제헌절로 정했어요. 그리고 일본은 최초로 헌법을 시행한 날을 기념하고 있어요. 그밖에 노르웨이, 브라질, 독일, 아일랜드, 캄보디아, 인도, 중국 등 많은 나라들이 헌법을 발표하거나 채택한 날을 기념하고 있어요.

궁금해, 다른 나라의 기본권

알아보자, 다른 나라의 기본권

인류가 제1차 세계대전, 제2차 세계대전을 겪으면서 대량 학살과 인권 침해를 경험하며, 인권 존중 사상이 다른 나라 국민이나 전 인류에게 적용되어야 한다는 생각이 전 세계적으로 퍼져 나갔어.

이러한 생각을 바탕으로 모든 사람을 위한 기본적인 인권을 보장하자는 내용의 세계 인권 선언을 만드는 데 여러 나라가 동의했고, 1948년에 국제 연합(UN) 총회는 세계 인권 선언을 채택해서 선언했어.

UN에서 선언했다고 해서 직접적인 법적 구속력이 생겼던 건 아니야. 하지만 자유와 평등을 추구하고 정의를 지키기 위해서는 인간의 존엄성을 지키는 인권이 기본이 되어야 한다는 합의가 전 세계적으로 이루어졌다는 점에 의미가 있어. 그리고 세계 인권 선언문이 선포된 이후, 국제 관습법의 지위를 가짐으로써 법적 구속력을 가지게 되었다는 의견이 압도적으로 많아. 오늘날 대부분 국가의 헌법에 그 내용이 반영되어 있기도 하지.

지식플러스

헌법도 고칠 수 있어요

시간이 지나 국민들의 생활이 바뀌면 헌법도 시대에 맞게 고칠 수 있어요. 하지만 헌법은 국가 운영의 기본 원칙을 담고 있어, 함부로 고칠 수 없도록 까다로운 절차를 정해 놓았어요. 헌법의 일부를 수정하거나 추가하는 것을 헌법 개정이라 해요. 헌법 개정을 제안하려면 국회 의원 과반수의 찬성이나 대통령의 제안이 필요해요. 제안 후에는 두 번의 투표를 거쳐요. 첫 번째로 국회의원 3분의 2 이상 찬성, 두 번째로 국민 투표에서 절반 이상 찬성해야 헌법이 개정돼요. 일반 법률 개정보다 훨씬 엄격한 조건이지요.

✅ 교과서 속 법 키워드

#기본권 모든 사람이 태어나면서부터 가지는 소중한 권리예요. 행복하게 살고, 안전하게 지내고, 자신의 생각을 표현할 수 있는 권리를 포함해요.

#행복 추구권 누구나 행복하게 살아갈 수 있는 권리를 말해요. 좋아하는 일을 하고, 자신의 꿈을 이룰 수 있도록 노력할 권리가 여기에 포함돼요.

#세계 인권 선언 모든 사람이 기본적으로 누려야 할 권리를 모아 만든 국제적인 약속이에요. 모든 나라가 사람들을 공평하게 대하고, 권리를 지켜 줘야 한다는 내용이 담겨 있어요.

제3장

범죄와 벌을 정하는 형법

아이스크림 도둑을 잡아라

CCTV에 잡힌 범인의 얼굴

지찬이 아빠의 무인 아이스크림 가게에 도둑이 들었어요. 회사를 그만둔 아빠는 작년에 지찬이가 다니는 초등학교 앞에 무인 아이스크림

가게를 열었어요. 한동안 장사가 잘됐지만, 주변에 다른 아이스크림 할인점이 생기고 편의점에서도 아이스크림 할인 이벤트를 주기적으로 하면서 수입이 줄기 시작했어요.

게다가 지난주부터 매일 아이스크림이 한두 개씩 없어지더니 이제 하루에도 여러 개가 없어지기 시작한 거예요. 지찬이 가족은 누가 훔쳐 갔는지 보려고 다 같이 모여 CCTV를 확인해 보았어요. 그러다 어떤 아이가 계산하지 않고 아이스크림을 가지고 나가는 장면을 발견했어요.

"저것 봐. 저 아이 아주 어려 보여."

아빠와 지찬이는 화면을 뚫어져라 쳐다봤어요.

"맞아요. 잘해야 초등학교 1, 2학년 정도로 보여요."

그렇게 아이는 매일 와서 아이스크림을 높이 쳐들고 뭐라고 말을 하는 것 같더니 계산을 하지 않고 나갔어요. 그러다 어느 날부터는 친구로 보이는 아이들과 같이 와서 계산을 하지 않고 가져갔어요.

"혼자 오더니 이제 서너 명씩 같이 오는걸."

"매일 비슷한 시간에 와서 계산도 안 하고 쓰레기까지 바닥에 버리고 가요."

엄마와 지찬이의 말에 아빠가 한숨을 쉬었어요.

"아휴, 아직 어려서 모르고 그러는 것 같은데, 잡을 수도 없고."

"왜요? 이렇게 증거가 있잖아요. 경찰에 신고해요."

지찬이 말에 엄마가 말했어요.

"아이스크림 몇 개로 어린아이를 신고한다고 소문이라도 나면 가게 이미지만 나빠지지, 좋을 게 없어."

아빠도 엄마와 같은 생각이었어요.

"맞아. 잡는다고 해도 부모님에게 아이스크림 값이나 받을 수 있으면 모를까, 열 살도 안 된 아이라서 처벌도 받지 않을 거고."

"열 살이 안 되었으면 도둑질을 해도 처벌받지 않는다고요?"

"응, 법률상 14세가 되어야 형사 처벌을 받아. 지찬이 너랑 같은 학교에 다니는 아이들일 텐데, 혹시 이 중에 아는 아이 없어? 정말 몰라서 그랬다면 누군가 알려 줘야 할 텐데."

아빠 말을 듣고 지찬이는 화면을 확대해서 자세히 들여다봤지만 모두 처음 보는 아이들이었어요.

현상금 아이스크림 열 개

지찬이는 범인들을 직접 찾아서 도둑질이 나쁜 행동이라는 것을 알려 줘야겠다고 생각했어요. 그래서 쉬는 시간마다 1, 2학년 교실을 모두 들여다봤지만 영상 속 아이들은 보이지 않았어요.

가게 근처에 숨어 있다가 범행 현장을 잡으면 좋겠지만 저학년은 지찬이보다 수업이 일찍 끝나서 그럴 수도 없었어요. 동생이 있는 친구들에게도 아이들의 얼굴을 캡처한 사진을 보여 주며 물어봤지만 모두 처음 보는 얼굴이라고 했어요.

다음 날에도, 그다음 날에도 아이스크림은 없어졌고, 이대로 그냥 당해야 하다니 정말 속상했어요.

그러던 어느 날, 지찬이는 해적이 나오는 만화책 표지를 보다가 좋은 생각이 떠올랐어요. 지찬이는 컴퓨터를 켜고 CCTV에서 캡처한 꼬마 도둑들의 사진을 첨부해서 포스터를 만들었어요.

> **수배 중!**
> 아이스크림 도둑을
> 찾습니다.
> 현상금 아이스크림 열 개!

그리고 다음 날 아침, 지찬이는 일찍 등교해서 건물 꼭대기 층부터 한 층씩 내려오며 모든 화장실과 게시판에 포스터를 붙였어요. 누구나 하루에 한 번 이상은 화장실을 갈 테니 포스터를 보지 못하는 사람은 없을 거예요.

마지막으로 1층 게시판에 포스터를 붙이고 있는데 누군가 지찬이 어깨를 툭툭 두드렸어요.

"으악! 깜짝이야."

"뭘 붙이는 거니?"

교감 선생님이 안경을 고쳐 쓰며 포스터를 가리키셨어요.

"선생님, 안녕하세요? 아빠 아이스크림 가게에 도둑이 들어서 제가 포스터를 만들고 현상금을 걸었어요. 여기 사진 속 아이들이 범인인데 혹시 본 적 있으세요?"

"도둑이 들었다니 큰일이구나. 그런데 말이다. 범인 얼굴을 이렇게 공개적으로 알리면 오히려 네가 명예 훼손으로 고소당할 수 있어."

"네? 저는 아이스크림을 훔치지 않았는걸요."

"자세한 설명은 나중에 해 줄 테니 일단 다른 사람들이 보기 전에 포스터를 어서 떼어 버리자."

"이거 학교 전체에 30장이나 붙였어요."

"뭐? 30장이니?"

교감 선생님과 지찬이는 1층부터 꼭대기 층까지 올라가면서 포스터를 모두 떼어 냈어요. 아침 일찍 등교한 학생들이 허둥지둥 뛰어다니는 두 사람을 의아한 표정으로 쳐다봤어요.

도둑의 명예를 위하여

교감 선생님을 따라 교무실로 들어간 지찬이는 왜 포스터를 아무도 보면 안 되는지 물었어요. 도무지 이해가 되지 않았거든요.

"선생님, 저희 가게가 도둑을 맞았는데 왜 제가 고소당해요?"

교감 선생님이 가쁜 숨을 고르며 교무실 의자에 앉으셨어요.

"뉴스에 범인이 모자와 마스크를 쓰고 나오거나 경찰들이 범인으로

잡힌 사람의 얼굴을 옷으로 가려 주는 장면 본 적 있니? 우리나라 형법에서는 모든 사람에게 보호받아야 할 명예가 있다고 보기 때문에 특별한 경우가 아니면 나쁜 일을 저질렀다고 의심되는 사람이라 할지라도 얼굴이나 신상을 공개하지 않아. 그래서 화면 속 아이들이 범인으로 밝혀져도 열 살이 넘은 너는 촉법소년인 10~14세에 해당해서 명예 훼손 죄로 고소당할 수 있어. 그러면 벌금형이나 감옥에 가는 형사 처벌은 안 받더라도, 시설에 보내지는 보호 처분은 받을 수 있지."

"그럼 이 아이들을 어떻게 찾아요? 무인 가게에서 계산을 하지 않고 가져가면 안 된다는 것을 꼭 알려 주고 싶어요."

"그건 내가 아주 간단하게 해결해 줄 수 있단다. 아침 회의 시간에 포스터를 1, 2학년 담임 선생님들께 보여 드릴 거야. 그러면 그 아이들 반 담임 선생님은 단번에 알아보실 거고, 아이들에게 무인 가게에서도 계산을 하고 물건을 가져가야 한다는 것을 알려 주실 거야."

"아, 그렇게 하면 되겠군요. 교감 선생님, 감사합니다."

다음 날, 아이스크림을 훔친 아이들의 부모님들이 지찬이 아빠에게 전화해서 정중하게 사과하며 아이스크림 값을 배상하겠다고 했어요. 아이들은 가게에 갈 때마다 아무도 없어서 다음에 올 때 계산해야겠다고 생각하고 그냥 나갔대요. 사과를 받은 아빠는 가게를 애용해 주셔서 감사하다며 돈을 받지 않으셨어요. 그리고 다음 날 가게 게시판에 삐뚤빼뚤한 글씨로 쓴 메모가 붙어 있었어요.

> 아이스크림을 그냥 가져가서 죄송합니다.
> 이제 계산하는 방법을 배웠어요.

사실을 말한 것이 왜?

사실을 말해도 죄가 된다고?

🔍 형법에서 찾은 명예 훼손

누구에게나 존중받아야 할 명예가 있어. 명예는 남녀노소는 물론 교도소에 있는 범죄자나 사망한 사람에게도 있지. 명예란 자신에 대해서 스스로 느끼는 주관적인 평가가 아닌, 사회 일반의 평가를 말해.

형법상 명예 훼손죄에서 말하는 '명예 훼손'이란 성격, 건강, 외모, 재능, 직업, 신용 등 특정한 사실을 알려서 다른 사람의 사회적 평가를 떨어뜨리는 행위를 일컬어. 형법 제307조에 의하면 '공연히 사실이나 허위 사실을 적시(摘示)하여 사람의 명예를 훼손하는 행위'를 명예 훼손죄로 처벌하고 있어. 여기서 '공연히 사실이나 허위 사실을 적시한다.'라는 건 명예

를 훼손할 만한 사실, 또는 지어낸 일을 공개적으로 알려 다른 사람이 알게 되고, 퍼지게 되는 것을 의미해.

사실을 말해도 명예 훼손죄에 해당하니, 진실이 아닌 것을 진실인 것처럼 꾸며 퍼트린다면 당연히 더욱 심각한 범죄가 되겠지? 형법 제307조 2항에 따르면 사실 적시 명예 훼손보다 허위 사실 명예 훼손죄에 대하여 더 큰 벌을 주고 있어.

예를 들어 어떤 사실(또는 허위 사실)을 단체 채팅방이나 SNS에 올리는 행위도 이에 해당돼. 혼잣말로 하거나 당사자와 말다툼을 하는 경우는 해당하지 않아. 그리고 실제로 명예가 훼손되는 일이 생겨야 처벌하는 것이 아니라, 명예를 해칠 가능성만 있어도 죄가 성립해.

그런데 명예 훼손죄는 피해자가 가해자의 처벌을 원하지 않는다는 의사를 표하면 처벌할 수 없는 '반의사불벌죄'에 속해. 그러니 이런 일이 생기면 잘못을 인정하고 사과해서 용서를 구하는 게 현명한 일일 거야.

명예 훼손죄는 사람의 사회적 평가를 보호하는 중요한 법이지만, 표현의 자유와 충돌할 수 있어. 사람들은 자신의 의견을 말하거나 사실을 알릴 자유가 있는데, 이 자유가 남의 명예를 해치는 결과를 낳는다면 법적인 문제가 될 수 있지. 특히 인터넷과 SNS가 발달하면서, 누군가를 비방하거나 사생활을 퍼뜨리는 일이 더 쉽게 일어나고 있어.

명예 훼손이 성립하려면 그 행위가 타인의 사회적 평가를 떨어뜨릴 가능성이 있어야 해. 하지만 공익을 위한 비판이나 정당한 언론 보도는 명예 훼손죄에서 예외로 인정될 수 있어.

무엇을 말하기 전에 그 정보가 사실인지, 그리고 다른 사람에게 피해를 줄 수 있는지 잘 생각해 보는 태도가 중요해. 표현의 자유를 누리는 동시에, 다른 사람의 권리를 존중하는 사회를 만들어야 하니까!

지식플러스

사이버 명예 훼손죄

 유명한 연예인들이 악성 댓글을 단 사람들을 고소했다는 뉴스를 본 적이 있나요? 명예 훼손죄는 인터넷상에서도 발생하고 있어요. 사이버 공간에서 이루어지는 명예 훼손죄는 시간과 공간의 제약을 받지 않고 순식간에 퍼져서 그 흔적을 지우기 힘들기 때문에 온라인 세상 밖에서의 피해보다 더 큰 영향을 미칠 수 있어요. 그래서 사이버 명예 훼손죄는 '정보통신망 이용 촉진 및 정보보호 등에 관한 법률'에 따라 일반적인 경우보다 훨씬 무거운 형벌에 처해요. 단순한 욕이나 비방 뿐만 아니라 떠도는 소문이나 다른 사람이 쓴 글을 SNS에 그대로 퍼다 나르는 것만으로도 법적인 책임을 질 수 있으니 주의해야 해요.

범죄와 형벌

범죄와 벌을 정하는 법

명예 훼손죄 말고도 절도죄, 살인죄, 사기죄 등 세상에는 여러 가지 범죄가 있어. 형법은 '어떤 행동이 범죄인지', 그리고 '어떤 형벌을 내릴지'를 정해 놓은 법이야. 범죄란 다른 사람의 이익이나 사회 질서를 크게 해치는 행위이고 형법에 규정된 범죄를 저지르면 국가가 경찰, 검사, 판사들을 통해 엄하게 처벌해.

이렇게 범죄에 대해 벌을 주는 것을 형벌이라고 해. 형벌은 범죄 행위에 대한 법적인 처벌을 말하며, 이는 법의 테두리 안에서 사법 기관의 결정에 의해서만 내릴 수 있고 개인적인 보복은 절대 허용되지 않아.

이렇듯 어떤 행위가 범죄가 되고 그에 대하여 어느 정도의 처벌을 할 것인가는 법률에 따라 결정해야 하는데, 이러한 원칙을 '죄형 법정주의'라고 해. 죄와 벌은 법으로 정한다는 뜻이야.

사회적으로 비난받아야 마땅한 행위를 한 사람일지라도 정해진 법이 없으면 처벌할 수 없어. 왜 이러한 원칙을 지켜야 할까? 법 없이도 처벌할 수 있는 권한을 허용한다면, 힘을 가진 공권력이 마음대로 사람들을 벌주거나 개인의 자유와 권리를 지나치게 침해할 수도 있을 거야.

범인, 피의자, 피고인, 뭐가 다를까?

형법을 어기면 법원에서 재판을 받아. 하지만 아무리 확실한 증거와 증인이 있어도 재판을 받아서 판결이 완전히 끝날 때까지 그 사람에게 죄가 있다고 말해선 안 돼. 모든 판결이 끝나고 나서 무죄가 나올 수도 있기 때문에, 범죄가 의심되는 사람이라 해도 유죄를 증명하기까지는 우선 무죄라고 생각하고 재판을 진행해야 해. 이 원칙을 '무죄 추정의 원칙'이라고 해. 이 무죄 추정의 원칙은 신체의 자유를 보장하기 위한 형법의 가장 큰 원칙으로 헌법 제27조에도 규정되어 있어.

그래서 범인으로 상당히 의심이 가지만 아직 뚜렷한 혐의가 발견되지 않은 사람을 '용의자'라고 해. 그리고 경찰이나 검찰에서 범죄 혐의가 있다고 인정하여 수사를 시작하면 '피의자'라 하고, 형사 재판 과정에서는

'피고인'이라고 불러. 그 후 재판이 끝나고 교도소에 들어가면 '수형자'라고 해.

궁금해, 형사 재판

> 판결이 끝났는데 다시 재판을 할 수 있을까?

우리 헌법 제13조는 어떤 사건에 대해서 판결이 끝나면 동일한 범죄로 다시 재판하지 않는다는 일사부재리의 원칙을 보장하고 있어. 이 원칙은 범죄를 다루는 형사 사건에 적용되고 개인 간의 분쟁을 다루는 민사 사건에는 적용되지 않아.

형사 사건에서 적용되는 일사부재리의 원칙을 좀 더 구체적으로 보자면, 어떤 사건에 대해 유죄 또는 무죄의 판결 또는 면소(免訴)의 판결이 확정되었을 경우, 같은 사건에 대하여 두 번 다시 공소 제기를 할 수 없다는 원칙을 말해. 즉, 같은 죄로 두 번, 세 번 처벌하지 않는다는 취지야.

이러한 원칙은 형사 피고인의 인권과 법적 안정성을 지키고 재판을 공정하고 효율적으로 하기 위해서 존재해. 수사와 재판을 받는 일은 매우 힘든 과정이어서 수사와 재판 진행이 계속될수록 피고인의 시간적, 경제적, 정신적 부담이 커질 거야. 그리고 경찰, 검찰, 법원의 행정력도 낭비될 수 있기 때문에 이런 원칙을 적용하는 거야.

그런데 한 사건의 재판 결과가 나왔다고 해서 이를 다시 다룰 기회가 다 끝난 건 아니야. 판결이 적절하지 않다고 생각할 경우, 검사도 피고인도 세 번까지 재판을 요청할 수 있는데 이를 삼심제라고 해.

세 번씩이나 재판할 기회를 주는 건 재판 과정을 좀 더 신중하게 함으로써 공정하고 정확한 판단을 해서 잘못된 판결로 억울한 사람이 없도록 하기 위해서야.

그리고 확정된 판결에 대해서도 중대한 오류가 있을 경우 재심을 신청할 수 있어. 예를 들어 증거물이 위조된 것으로 드러난 경우, 증언이 허위로 드러난 경우에는 이미 유죄를 선고받아 형을 집행받고 있는 사건에 대해서도 재판을 다시 신청할 수 있어. 실제로 살인죄로 유죄 판결을 받아 교도소에 수감되어 있던 사람이 진범이 잡히고 나서 재심을 청구해 풀려난 경우도 있지.

지식플러스

교도소에 가는 나이

두 살배기 아기가 옆집 물건을 가지고 왔다고 형법으로 처벌할 수 없어요. 아기는 아직 무엇이 옳고 그른지 판단할 능력이 없기 때문이에요. 형법 제9조는 14세가 되지 않은 청소년을 형사 미성년자로 정하고 형법에 의해 처벌하는 대신 소년법을 적용해서 보호 처분을 내려요. 14세 미만은 성년에 비해 육체적으로나 정신적으로 미성숙하고 판단력이 부족하기 때문에 자신의 행동을 법적으로 책임질 수 있는 능력이 없다고 보기 때문이에요. 법은 나를 비롯하여 우리 모두가 안전하고 행복하게 살기 위해 약속한 최소한의 도덕이기 때문에 처벌과 상관없이 지켜야 해요. 또, 타인의 재산이나 신체에 손해를 끼쳤다면 소년법에 의한 처벌 여부와 관계없이 부모 등 보호자가 민사상 책임을 져요.

✓ 교과서 속 법 키워드

#형법 사람들이 지켜야 할 법과 이를 어겼을 때 어떤 처벌을 받을지 정해 놓은 법이에요. 범죄와 처벌에 대한 기본적인 규정을 다뤄요.

#형벌 범죄를 저지른 사람에게 법에서 정한 대로 주는 처벌이에요. 예를 들어 벌금, 징역, 구속 등이 형벌에 해당해요.

#명예 훼손죄 사실이나 허위 사실로 사람의 명예를 훼손하면 처벌받는 범죄예요.

#죄형 법정주의 어떤 행동이 범죄인지, 그에 대한 처벌이 무엇인지를 미리 법으로 정해 놓아야 한다는 원칙이에요. 법 없이 처벌할 수 없어요.

제4장

형법에 따른 형사 처벌

철봉 아래에서 돈을 주웠어요

눈을 감아도 떠오르는 게임기

상명이는 부모님과 쇼핑몰에 갔다가 신형 게임기를 무료로 체험해 볼 수 있는 행사에 참여했어요. 슈팅 게임을 하는 동안 컨트롤러가 손에 쏙 들어와서 빠르게 작동할 수 있었고, 화면 속 캐릭터들의 움직임도 자연스러워서 실감 났어요.

"엄마, 이 게임기 정말 멋져요. 저 게임기 갖고 싶어요. 사 주세요, 네?"

상명이가 아빠와 엄마를 번갈아 쳐다보며 말했어요.

"여보, 직원이 그러는데, 이번에 새로 산 TV가 저 게임기와 호환성이 좋대. 우리 집 TV에 연결하면 딱 맞겠더라. 그래픽은 또 얼마나 화려한지, 당신도 봤지?"

아빠의 말에 엄마가 대답했어요.

"봤지. 하지만 TV 12개월 할부 중 이제 겨우 첫 달 냈어. 할부 다 끝나면 모를까, 당분간 게임기 사는 건 무리야."

"엄마, 저 게임기로 스트레스를 풀면 공부도 더 잘될 것 같아요. 앞으로 공부도 열심히 할게요. 저 게임기 사 주세요, 네?"

"글쎄, 네가 스트레스 쌓일 만큼 공부하는 모습을 보지 못했는걸. 네 용돈으로 사든가."

엄마의 말씀에 상명이와 아빠는 더 이상 게임기를 사 달라는 말이 나

오지 않았어요.

상명이는 불을 끄고 침대에 누웠지만 낮에 쇼핑몰에서 본 게임기가 눈에 아른거려서 좀처럼 잠이 들지 않았어요. 그래서 이불을 박차며 일어나 책상 스탠드를 켜고 통장과 가지고 있는 돈을 모두 꺼내 보았어요.

세뱃돈과 집에 놀러 온 손님들이 주신 용돈을 하나도 쓰지 않고 모았지만, 게임기 값의 반도 안 돼요. 하지만 11개월이나 기다릴 수는 없었어요. 상명이는 어떻게 하면 돈을 모을 수 있을지 궁리하다 잠이 들었어요.

하늘에서 떨어진 돈

"저 앞으로 돈을 벌고 싶어요. 그런데 아르바이트는 할 수 없으니까, 집안일을 도우면서 용돈을 받을게요."

아침을 먹으며 상명이가 부모님에게 제안했어요.

"집안일은 가족 모두 해야 하는 일이야. 당연히 해야 하는 일을 하면서 무슨 돈을 받니?"

엄마의 말에 아빠가 상명이를 도와주었어요.

"용돈을 받으면 동기 부여가 되니까, 정리하는 습관도 들일 겸 몇 개월만 주자."

상명이는 그 뒤로 설거지, 거실 청소, 세차 등 닥치는 대로 일을 했고, 집안일을 하나 할 때마다 용돈을 달라고 했어요. 학원 끝나고 가끔 사 먹던 아이스크림이나 음료수도 사지 않고 돈을 모았어요.

"우리 아들이 돈을 너무 밝히네. 부자가 되려나 보다."

아빠가 자꾸 놀리는 바람에 민망해질 무렵, 엄마가 학원에서 보는 레벨테스트에서 만점을 받으면 5만 원을 준다고 약속했어요. 그동안 엄마는 공부는 자신의 미래를 위해 하는 것이라며 절대 공부를 조건으로 선물이나 돈을 주지 않았어요. 그런데 상명이가 정리 정돈도 잘하고 집안일을 돕는 것이 기특했나 봐요. 상명이는 밤늦게까지 공부해서 만점을 받아 왔고 약속대로 엄마에게 노란 5만 원짜리 지폐를 받았어요.

돈을 모으는 재미에 푹 빠진 상명이는 힘든 줄 모르고 지내다 3주가 지나자 지쳐 버렸어요.

"어디 하늘에서 돈 안 떨어지나? 얼마 되지도 않는 용돈을 모아서 언제 게임기를 사냐고. 학원 레벨테스트에서 만점을 받았더니 더 잘하는 반으로 올라가서 숙제만 어려워졌어."

상명이의 하소연에 같은 반 친구 주호가 귓속말로 알려 줬어요.

"이거 다른 아이들에게 퍼트리면 안 돼. 수요일에 수업 끝나고 학교

철봉 아래 모래사장으로 가 봐. 종종 돈이 떨어져 있어."

"정말? 운동장에서 돈을 줍는 경우는 드문데 왜 수요일 오후야?"

"5교시에 체육 수업을 하는 반이 많거든. 우리는 수요일에 5교시면 끝나지만 6학년들은 6교시까지 수업이 있으니까 잃어버렸는지 모르고 수업을 받는 것 아닐까? 큰돈은 아니어도 몇 번 주운 적 있어. 마침 오늘이 수요일이니까 같이 가 보자."

주인 없는 물건의 주인

'난 동전을 원래 가지고 다니지 않는데, 정말 철봉 아래에 동전이 있을까?'

상명이는 속는 셈 치고 수업이 끝나자마자 주호와 운동장 모래판으로 가서 모래를 헤집어 보았어요. 과연 주호 말대로 동전 몇 개가 나왔고, 주호가 가진 돈과 주운 돈을 합쳐 오랜만에 콜라를 사 먹었어요. 모처럼 사 마시는 콜라 한 모금에 기분이 무척 좋아졌어요.

"나 거의 한 달 만에 사 먹는 거야."

"매번 나오는 건 아니어도 힘도 안 들고 이 정도면 꽤 괜찮지 않아? 확실히 수요일에 더 많이 나온다니까."

그 후로 상명이는 매일 모래를 파 봤어요. 주호가 놓친 것이 있는데 철봉 아래뿐 아니라 모래사장 한가운데에서도 돈이 나올 때가 있었어요.

그러던 어느 날 복도를 걷다가 거짓말처럼 여러 번 접힌 초록색 지폐가 두 장 떨어져 있는 것을 보았어요. 상명이는 주변을 잽싸게 살펴보다가 지폐를 얼른 주워 얼결에 주머니에 집어넣었어요.

상명이는 복도 끝에 숨어서 한참 동안 기다렸지만 아무도 돈을 찾으러 오지 않았어요. 상명이는 떨리는 마음에 점퍼 주머니에 있는 2만 원을 꽉 움켜잡고 집으로 향했어요.

다음 날 상명이는 점심시간과 쉬는 시간마다 모래사장에 가서 손가락을 갈퀴 모양으로 만들어 훑고 다녔어요. 방과 후에도 모래를 뒤집고 있는데 작업복 차림의 아저씨가 청소 도구를 가지고 지나가다 상명이에게 다가왔어요.

"잃어버린 거라도 있니? 같이 찾아 줄까?"

"아, 아니요. 사실은 제 돈이 아니라 다른 아이들이 떨어트린 돈을 주우려고요."

"뭐? 하하, 이 녀석, 학교에서 돈을 주우면 선생님이나 경찰서에 가져가야 한다는 것을 배웠을 텐데. 주인 없는 물건을 가져가면 범죄가 된다

는 것을 아직 모르는 모양이구나."

"네? 주인이 없는 건데 왜 범죄가 돼요?"

"내가 청소 회사에 들어와서 신입 사원 교육을 받을 때 들었는데, 남이 잃어버린 물건을 주운 사람이 돌려주지 않고 가져가면 점유 이탈물 횡령죄로 감옥에 가거나 벌금을 내야 할 수도 있단다. 만약 나처럼 남의 물건을 주울 수 있는 기회가 많은 사람이 분실물 센터에 가져가지 않고 중고 시장에 내다 팔았다면 훨씬 더 많은 돈을 벌었을 거야."

상명이는 아저씨 말을 듣고 다음 날 선생님께 주운 지폐를 가져다드렸어요. 선생님은 반 친구들 앞에서 상명이를 크게 칭찬하셨어요. 상명이는 게임에서 아이템을 획득한 것만큼 뿌듯해졌어요.

주운 물건이 왜?

길에서 주운 물건, 어떻게 해야 할까?

🔍 **주인이 없는 물건**

다른 사람의 물건을 훔치면 절도죄로 처벌받는다는 건 알지? 바닥에 떨어진 돈이나 카드, 누군가 두고 간 물건처럼 주인 잃은 물건을 주워서 가져가는 것도 법을 위반하는 위법 행위가 돼. 원래 주인이 있는 돈이나 물건은 그 사람의 손을 떠났어도 잃어버린 사람의 소유거든. 그러니 주인이 있는 다른 사람의 물건을 훔치면 안 되듯이 길에서 주운 물건이나 돈도 돌려줘야 해.

이런 물건을 돌려주지 않고 자기가 가져가거나 사용하면 '점유 이탈물 횡령죄'가 성립돼. 우연히 물건을 주웠다면 가장 좋은 방법은 경찰서나 분실물 센터에 가져다주는 거야. 112 긴급전화를 이용하거나 지구대로 찾아가도 돼.

　버린 물건인 줄 알고 길에서 주웠는데 버린 게 아니라 잠깐 놔둔 것이어서 오해를 사기도 하고, 쓰레기인 줄 알고 주워 가졌는데 고가의 물건이어서 문제가 되기도 해. 내 것이 아닌 돈이나 물건을 주웠을 때, 내가 가져선 안 된다는 점을 명심하자.

점유 이탈물 횡령죄와 법적 책임

주운 물건을 가져가면 안 되는 이유

우리 형법 제360조는 잃어버린 물건을 주인에게 돌려주지 않고 가져가면 점유 이탈물 횡령죄로 1년 이하의 징역이나 300만 원 이하의 벌금 또는 과료에 처하고 있어.

'점유'란 물건을 지니거나 장소를 차지해서 지배하는 것을 의미해. 즉, 점유를 이탈한 물건은 분실이나 다른 이유로 주인의 손을 떠났으되, 아직 누구의 점유에도 속하지 않은 물건을 말해. 예를 들어 잃어버렸거나 물에 떠내려갔거나 땅에 묻혀 있는 물건, 잃어버린 강아지, 바람에 날려서 떨어진 옷, 잘못 배달된 택배, 실수로 많이 받은 거스름돈 등이 있어. 그리고 이렇게 원래 주인의 손을 떠난 돈이나 물건을 자기 것으로 차지해서 가져가는 행동이 점유 이탈물 횡령이야.

다만 주인을 찾아 주려고 노력하는 등 일부러 가져갈 마음이 없었다고 판단되면, 범행의 고의가 없었던 걸로 보아 죄가 성립되지 않을 수 있어.

반대로, 물건을 주인에게 돌려주고 보상금을 받은 사람의 이야기가 뉴스에 종종 나와. 유실물법 제4조에 따르면 물건을 돌려받은 사람은 물건값의 5% 이상 20% 이하의 보상금을 지급해야 할 의무가 있어.

지식플러스

우리나라 최초의 법

우리나라 최초의 법은 우리나라 최초의 국가인 고조선의 8조법이에요. 원래 여덟 개의 조항이 있었지만 세 개의 조항만 전해지고 있어요. '사람을 죽인 자는 사형에 처한다.', '남을 다치게 한 자는 곡식으로 갚아야 한다.', '남의 물건을 훔친 사람은 노비로 삼는데, 노비가 되지 않으려면 50만 전을 내야 한다.'라는 내용이지요. 이 조항을 통해 당시 사회가 어떤 모습이었는지 알 수 있어요. 사람을 죽인 자를 사형에 처한 것으로 보아 생명을 소중히 여기는 사회였고, 곡식으로 보상한다는 조항으로 농사를 짓고 개인의 재산이 인정되었다는 것을 알 수 있어요. 그리고 노비로 삼거나 돈으로 대신했다는 내용은 화폐와 신분 계급이 있었다는 것을 알려 줘요.

궁금해, 형사 처벌

죄와 벌을 미리 정해 놓은 법률

　범죄 행위에 대한 법적인 처벌로 죄를 저지른 사람에게 주는 불이익을 형벌이라고 해. 어떤 범죄에 어떤 형벌을 줄 것인지에 대해서는 형법에 자세하게 적혀 있어. 그래서 형법을 보면 각 조항에 해당 죄명을 명시하며 'OO을 한 자는 □□에 처한다.'라고 규정해 놓았지. 법률에 없으면 범죄도 없고, 법률 없이 형벌도 내릴 수 없어.

　이렇게 범죄가 되는 행동과 범죄에 대한 처벌을 국회에서 만든 법률로 정해 두고, 법률에 의해서만 죄를 다스려야 한다는 원칙을 '죄형 법정주의'라고 해. 권력자가 마음대로 벌을 내려서 국민의 자유와 권리를 침해

하지 못하게 만든 근대 형법의 기본 원칙이지.

사형 제도는 없애야 할까, 유지해야 할까?

형법 제41조는 형벌의 종류에 관해 아홉 가지를 규정하고 있어. 사형, 징역, 금고, 자격 상실, 자격 정지, 벌금, 구류, 과료, 몰수가 이에 해당해.

사형은 생명을 빼앗는 생명형이고, 교도소에 가두어 신체의 자유를 박탈하는 징역과 금고라는 자유형이 있어. 징역은 교도소에서 노동을 해야 하는 형벌이고, 금고는 노동을 하지 않고 자유만 빼앗는 형벌이야. 그리고 교도소에 가두지만 그 기간이 30일 미만이면 '구류'라고 해.

재산형은 돈을 내야 하거나 재산을 빼앗는 형벌이야. 내야 할 금액이 5만 원 이상이면 벌금형, 5만 원 미만이면 과료라고 해. 또 자격 상실이나 자격 정지처럼 범죄인의 명예나 자격을 빼앗는 명예형도 있어.

이 중에서 사형은 가장 무거운 형벌이면서, 형을 집행하고 나면 다시는 돌이킬 수 없는 형벌이기 때문에 논란이 있어.

사형 제도 폐지를 찬성하는 사람들은 사람의 생명은 가장 소중한 권리이기에 국가 권력을 행사해서 박탈하는 게 옳지 않다고 하는 입장이야.

또 검사나 판사가 판단을 잘못해서 사형을 선고하고 집행해 버리는 경우, 죄가 없는 사람을 죽일 수도 있다는 점 또한 반대하는 근거가 되지.

반면에 사형 제도 폐지를 반대하는 사람들은 사형에 대한 두려움으로 흉악한 범죄가 줄어들 수 있다는 점, 증거주의를 채택하는 데다 과학 수사 기법이 발달한 요즘, 판결에 오류가 있을 가능성이 현저히 적다는 점, 타인의 생명을 해한 범죄자의 생명권을 지켜 줄 필요가 없다는 점 등을 그 이유로 제시해.

사형 제도는 우리나라뿐만 아니라 동서양을 막론하고 전 세계적으로 논쟁 중인 주제야. 사형 제도를 유지하고 있는 나라도 있고 법적으로 완전히 폐지한 나라도 있어. 우리나라는 1997년에 사형이 집행된 것을 마지막으로 현재까지 사형 선고를 받은 범죄자에게 사형을 집행하지 않고 있어.

법을 수호하는 사람들

범죄자에게 형벌을 내리려면 재판을 해야 하는데 이런 재판을 형사 재판이라고 해. 형사 재판이 열리는 법정에 가 보면 판결을 내리는 판사와 죄를 지었다고 의심받는 피고인 이외에 검사와 변호사가 있어. 검사와 변호사는 둘 다 법을 모르는 일반 사람들을 위해 일하지만, 맡은 역할이 달

라. 검사는 피해자와 일반 국민을 보호하는 사람이고, 변호사는 검사의 공격으로부터 피고인을 보호하는 사람이야.

검사는 범죄를 저지른 사람의 죄를 밝히고 재판을 청구하는 일을 해. 우선 경찰과 함께 범인을 찾고 증거를 수집하는 수사를 하고 수사 결과 범죄가 성립한다고 판단되면 법원에 재판을 청구해. 그래서 검사는 민사 재판에는 없고 형사 재판에만 있어.

반대로 변호사는 피고인이 누명을 쓰거나 자신의 잘못보다 더 많은 책임을 지는 일이 없도록 살피고 변론해. 형사 피고인은 대부분 법에 대한 지식이 부족하기 때문에 재판을 할 때 변호사가 반드시 필요해.

헌법 제12조 4항은 누구든지 체포, 또는 구속 수사를 받을 때 즉시 변호인의 도움을 받을 권리를 가진다고 명시하고 있어. 또 형사 피고인이 스스로 변호사를 구할 수 없을 때 부당한 수사나 재판을 받지 않도록 국가가 변호인을 붙여 주게끔 하고 있어.

법정에서 검사와 변호사는 서로 다른 입장에서 진실을 밝히고 공정한 재판을 이루기 위해 노력해. 재판은 이렇게 각자의 역할을 통해 법을 지키고 정의를 실현하는 과정이야.

지식플러스

미란다 원칙

"당신을 OO 혐의로 체포합니다. 당신은 묵비권을 행사할 수 있고, 변호사를 선임할 수 있으며, 지금부터 하는 말은 법정에서 불리하게 작용될 수 있습니다." 영화에서 형사가 범인에게 수갑을 채울 때 이렇게 말하는 것을 본 적이 있나요? 헌법 제12조 5항은 '누구든지 체포 또는 구속의 이유와 변호인의 도움을 받을 권리가 있음을 고지받아야 한다.'라고 규정하고 있어요. 이것을 '미란다 원칙'이라고 하는데, 이를 지키지 않은 상태에서 이루어진 구속이나 심문은 효력이 없는 것으로 여겨질 수 있으며 자백을 하더라도 그것을 재판에서 증거로 삼을 수 없어요. 중대한 범죄를 저지른 사람일지라도 최소한의 법적 권리와 인권을 보장하기 위한 절차예요.

교과서 속 법 키워드

#점유 이탈물 횡령죄 주인이 잃어버린 물건을 돌려주지 않고 가져가면 성립하는 범죄예요.

#사형 제도 범죄자가 저지른 행위가 매우 중대할 경우, 법에 따라 생명을 박탈하는 형벌이에요.

#미란다 원칙 체포된 사람이 자신의 권리를 알 수 있도록 알려주는 원칙으로, 변호인의 도움을 받을 권리와 진술 거부권이 포함돼요.

#검사 범죄 수사를 지휘하고, 법원에 재판을 청구하며 국민과 피해자를 보호하는 역할을 하는 사람이에요.

#변호사 법률 지식이 부족한 사람들을 대신해 법적 문제를 해결하고, 특히 피고인을 변호하는 역할을 해요.

제5장

사적 관계를 규정해 놓은 민법

친구끼리 그럴 수도 있지

세상에 예쁜 것이 너무 많아

승이의 별명은 까마귀 공주예요. 까마귀는 반짝이는 물건을 모으는 습성이 있대요. 승이도 예쁜 것이라면 어쩔 줄 몰라 하며 사서 책상 서랍에 모아 둬요.

"와, 이거 너무 예쁘다. 태민이 생일 선물로 어때?"

평소 좋아하던 태민이에게 생일 파티 초대장을 받은 승이는 일주일 내내 친구들과 선물을 고르고 있어요. 동네 문구점과 선물 가게를 모두 둘러본 것 같아요.

"승이 너는 용돈도 많이 받고 좋겠다. 이런 비싼 선물도 할 수 있고."

민채와 함께 삼총사처럼 같이 다니는 아란이가 부럽다는 듯이 쳐다봤어요. 승이는 계산하려다 멈칫했어요.

"아, 그런데 나 이번 주에 용돈을 너무 많이 써서 돈이 모자라. 돈 좀 빌려줄 수 있니? 다음 주에 용돈 받으면 바로 갚을게."

"뭐? 용돈을 다 어디에 쓴 거야? 그럼 그냥 남은 돈에 맞춰서 선물을 사. 민채랑 나도 비싼 선물은 못 샀어. 아마 다들 우리랑 비슷할 거야."

아란이의 말에 승이가 민채 팔짱을 끼며 졸랐어요.

"너무 마음에 들어서 그냥 갈 수가 없어. 선물하는 게 나한테 얼마나 큰 기쁨인지 알지?"

민채와 아란이는 까마귀 공주님을 누가 말리냐며 돈을 빌려줬어요.

결국 태민이의 생일 선물을 산 승이는 그동안 사 모은 카드 중 가장 화려한 카드를 골라 큐빅이 박힌 펜으로 축하 메시지를 썼어요.

파티룸에서 열린 태민이의 생일 파티는 승이 마음에 쏙 들었어요. 벽에 풍선과 반짝이가 장식되어 있었고 음식도 예쁜 그릇에 담겨 있었어요. 다 같이 했던 보드게임도 재밌었지요. 태민이가 선물 포장을 벗기며 감사 인사를 했는데 승이의 비싼 선물에 특별한 반응을 보이지는 않았어요. 그래도 승이는 자신이 준 선물이 가장 멋져 보여서 뿌듯했어요.

무너진 신뢰

용돈을 받은 승이는 아침마다 친구들에게 빌린 돈을 갚아야겠다고 생각했지만, 학교에만 가면 깜빡 잊고 그냥 왔어요. 내일은 꼭 줘야겠다고 다짐하며 화장품 가게를 들여다보는 순간 하트 모양 큐빅이 박힌 립글로스가 눈에 들어왔어요. 어느새 자기도 모르게 안으로 들어가서 계산하고 있는데 민채와 아란이가 들어왔어요.

"승이야, 립글로스 또 사? 그동안 산 거 다 바르려면 몇 년은 걸리겠다."

"아, 마침 잘 왔어. 나 그저께 용돈 받아서 너희들에게 빌린 돈 갚을 수 있어."

하지만 막상 지갑을 열었더니 민채와 아란이에게 빌린 돈을 모두 갚기에는 부족했어요. 태민이 생일 선물을 사기 전에도 몇 번 빌렸기 때문에 갚을 돈은 생각보다 많았어요. 또 방금 립글로스까지 사는 바람에 지갑의 돈은 더 적어졌지요.

"아, 미안. 지금 다 갚기에는 돈이 모자라네. 이번 주에 내가 쓸 돈도 필요하고, 어차피 다 못 갚으니까, 반만 갚고 나머지 반은 다음 주에 용돈 받으면 줄게."

하지만 돈을 받는 민채의 표정이 좋지 않았어요.

"승이야, 지금 준 돈은 빌려준 돈의 절반이 아니야."

"맞아. 2주 전에 운동회 끝나고 네가 아이스크림 사 먹자고 했다가 용돈 다 썼다고 민채에게 돈 빌린 거 생각 안 나니? 그리고 그날 선물 가

게에서 반지 사면서 또 빌렸어."

아란이 말에 승이는 어렴풋이 기억이 났어요.

"아, 맞다. 미안, 다음 주에 그것까지 갚을게."

승이가 미안해하자 민채가 말했어요.

"아이스크림은 내가 사 준 걸로 하고 다음에 반지 산 돈만 더해서 같이 줘."

민채와 아란이는 빌려준 돈 중 일부를 받은 후 학원이 늦었다며 급하게 먼저 나갔어요. 승이는 구경을 더 하려다 지난주에 산 반지 값이 얼마였는지 물어보려고 친구들 뒤를 따라 나갔어요. 그리고 우연히 민채와 아란이가 하는 이야기를 듣게 되었어요.

"너 어제 승이에게 돈 빌려주고 용돈 떨어져서 저녁도 못 사 먹고 학원 갔지?"

"응, 엄마가 주신다는 걸 승이가 용돈 타는 날이라 줄 거라고 안 받았는데 오늘에서야 받네. 다 받을 수나 있을지 모르겠어."

"돈 갚으라고 먼저 말 꺼내기가 얼마나 어려운데 자기가 얼마를 빌렸는지도 모르더라. 정말 너무한 거 아니야?"

승이는 미안한 마음에 친구들을 부르지 못했어요.

계약서를 쓰지 않아도 이루어지는 계약

그때부터 왠지 친구들이 자꾸 승이를 피하는 것 같았어요. 학교에서는 그나마 괜찮은데 방과 후에 문구점이나 선물 가게를 구경하러 들어갈 때면 갑자기 바쁜 일이 생겼다며 가 버리곤 했어요.

승이는 점점 따돌림을 당하는 것 같은 기분이 들었어요. 그런 생각을 하자 머리가 아파서 이번 주만 벌써 세 번이나 보건실에 갔어요. 마침 보건실에서 두통약을 먹고 있는데 작년 담임 선생님이 들르셨다가 승이를 보고 물었어요.

"승이야, 요즘 무슨 일 있니? 왜 이렇게 기운이 없을까?"

안 그래도 털어놓을 곳이 필요했던 승이는 그동안의 일을 선생님께 말씀드렸어요.

"이런, 신뢰가 한번 무너지면 회복하기 쉽지 않은데 걱정이 많겠구나. 특히 돈에 대한 약속은 더 예민하지. 그래서 요즘 밥도 혼자 먹고 이야기할 사람도 없는 거야?"

선생님 질문에 승이는 잠깐 머뭇거리다 말했어요.

"딱히 그런 건 아닌데, 그냥 제 느낌이라 물어보기도 애매해서 저도 말을 안 걸게 돼요."

"승이가 아직 잘 몰라서 그런 거겠지만, 돈이 오가는 약속은 좀 더 확실히 지켜야 한단다. 특히 어른이 되면, 돈이 얽힌 계약 관계는 정확히 이행해야 사회에서 신뢰를 쌓을 수 있어."

선생님은 자상하지만 단호하게 말했어요. 승이는 고개를 갸웃거렸죠.

"그렇다고 제가 계약서를 쓴 것도 아니고, 그냥 친구끼리 잠깐 돈 좀 빌린 건데 이렇게 되는 건가 싶어요."

"계약서 없이 말로 이루어지는 계약도 있고, 말없이 자동으로 이루어지는 계약도 있어. 네가 생일 선물을 계산하는 순간 계약서를 쓰지 않았어도 가게 주인과 매매 계약이 이루어져. 교통카드로 버스나 지하철을 타면 말하지 않아도 운송 계약이 이루어지지. 친구들에게 돈을 빌린 것도 두 사람의 의사 표시로 이루어진 법률 행위로 계약이 성립된 거야. 다만 미성년자는 아직 경험이 적고 합리적인 결정을 할 수 있는 능력이 부족해서 부모님 등 보호자의 동의를 받지 않고 한 계약일 경우 취소할 수 있어. 이번 일에 대해서 친구들과 이야기를 나눠 보도록 해."

선생님과 대화를 마친 후, 승이는 곰곰이 생각해 보게 되었어요. 계약이든 약속이든 지켜야 믿음을 얻을 수 있다는 걸 깨닫게 되었지요. 하지만 승이는 친구들 앞에서는 도저히 말이 안 떨어졌어요. 그래서 먼저 민채에게 편지를 썼어요.

민채야, 미안해. 사실은 지금까지 내가 얼마를 빌렸는지 모르겠어. 네가 알려 주면 고맙겠어. 그리고 너무 늦게 갚은 것도 진심으로 사과할게. 앞으로 위급한 일이 아니면 돈을 빌리는 일이 없겠지만 혹시 그런 일이 생겨도 꼼꼼하게 적어 놓고 기억할게.

승이는 아란이에게도 같은 내용으로 편지를 쓰고, 다음 날 두 사람에게 전해 주었어요.

그 후로도 승이는 친구들과 예쁜 물건을 계속 사 모았지만, 용돈 안에서만 사서 돈을 빌릴 일은 없었어요.

계약이 왜?

**서류에 사인한 적이 없는데
계약이 성립되었다고?** ✏️

🔍 **계약서가 없는 계약**

영화에서 검은색 정장을 입은 사람들이 서류에 사인을 하는 장면을 본 적이 있을 거야. 두 회사 또는 두 나라 간에 큰 거래나 협약이 이루어지는 모습이지. 계약이 맺어진 거야. 하지만 계약은 어른들만 하거나 큰 거래에 대해서만 이루어지는 것이 아니야.

우리의 일상도 계약 관계의 연속이야. 학원에 가서 수업을 듣는 것도 부모님과 학원이 계약을 맺었기 때문이고, 휴대폰을 사용하는 것도 통신사와 계약을 맺어야 가능해.

계약은 서류가 없어도 이루어져. 병원에 가서 진료받을 때는 계약서를 보여 주고 서명하진 않지만, 병원에서 제공하는 진료 서비스를 받고 돈을 지불하기로 되어 있지. 친구에게 돈을 빌리는 일이나 교통카드를 찍고 버스를 타는 것도 엄밀히는 계약 관계라고 할 수 있어. 이처럼 일상생활에서는 계약서 없이 이루어지는 계약이 훨씬 더 많아.

계약을 했더니 권리와 의무가 생겼어요

계약이 이루어지면 법률관계가 발생해. 편의점에서 물건을 사는 매매 계약이 이루어지면 편의점 사장님은 하자 없는 물건을 줘야 할 의무가 생겨. 한편 구매자는 정상적인 물건을 받을 권리가 생기지. 또한 사장님은 물건 값을 받을 권리가 생기고, 구매자는 구입하는 물건을 바르게 선택하고 물건 값을 내야 할 의무가 생겨. 이렇게 계약을 하게 되면 권리와 의무가 어느 한쪽에만 주어지는 것이 아니라 서로에게 동시에 주어지는 거야.

민법 제5조는 19세 미만의 미성년자가 법률 행위를 할 때는 법정 대리인의 동의를 얻어야 하고 이를 위반한 행위는 취소할 수 있다고 규정했어. 만약 초등학생이 인터넷으로 핸드폰을 구입하려 한다면 부모님의 동의가 있다는 인증 절차가 필요해.

민법은 자신이 한 일의 의미나 결과를 제대로 판단해서 결정할 능력이 있는 사람의 계약만 인정해. 아직 경험이 부족한 미성년자나 협박을 받은 사람, 또는 술에 잔뜩 취한 사람이 하는 법률 행위는 인정하지 않아. 그래서 미성년자도 계약할 수 있지만 법정 대리인의 동의 없이 한 경우 이를 취소할 수 있어. 그러나 미성년자가 성년인 척하거나 법정 대리인의 동의가 있는 것처럼 속였을 때는 계약을 취소할 수 없는 경우가 생겨. 민법은 미성년자의 법률 행위를 믿고 거래한 상대방도 보호하고 있어.

지식플러스

계약서를 써야 하는 이유

계약서를 쓰지 않아도 계약이 체결되지만, 계약서가 있다면 당사자 간에 합의한 내용대로 이행되지 않을 때 유용하게 쓸 수 있어요. 서로 다툼이 생겼을 때 계약 내용이 무엇이었는지 확인할 수 있고, 재판에서 결정적인 증거로 사용될 수 있지요. 만약 승이가 민채에게 돈을 빌릴 때 아란이가 옆에 없었더라면 어땠을까요? 계약서가 없기 때문에 승이가 돈을 빌린 사실을 기억하지 못할 경우 민채는 돈을 받는 데 어려움을 겪을 수 있어요. 돈을 빌려줬다는 것을 증명할 방법이 없었을 테니까요. 그런데 가게에서 물건을 살 때마다 번거롭게 계약서를 쓰는 사람은 없을 거예요. 이럴 경우 영수증이 계약서를 대신해서 교환이나 환불받을 때 중요한 증거가 돼요. 그래서 소액의 상품을 구입할 때도 영수증을 챙기거나 신용카드 결제 내역 등을 남겨 놓아야 해요.

약속을 어기면 어떻게 될까?

법률이 보호해 주는 계약

계약이란 아주 쉽게 말해서 어떤 행동을 하자는 약속이야. 둘 이상이 앞으로 할 행동을 함께 정하고, 이를 지키지 않을 경우 법적인 제재를 가하거나 강제로 이행하게 할 방법이 생기게끔 하는 것을 목표로 해.

우리가 일상생활에서 하는 소소한 약속도 이를 지키지 않을 경우 피해가 발생해. 그런데 큰돈이나 긴 시간을 투자해야 하는 일을 계약하고서 지키지 않는다면 어떨까?

예를 들어 빌딩을 지어 주면 사겠다고 계약하면서 계약금으로 큰돈을 건넸는데, 건설 회사가 먼저 돈을 받은 뒤 빌딩을 지어 주지 않은 경우를 생각해 보자. 거액의 돈과 시간의 손해가 발생하겠지. 이럴 경우 빌딩을 사겠다고 돈을 낸 사람은 빌딩을 지어 줄 의무가 있는 건설 회사에게 그동안 입은 피해를 갚으라고 할 수 있어.

반대로 건설 회사가 빌딩을 다 지어 줬는데, 이 빌딩을 산다고 계약한 사람이 돈을 지불하지 않는 경우는 어떨까? 이때는 건설 회사에서 돈을 지불할 의무가 있는 사람에게 피해액을 배상하라고 할 수 있을 거야.

이럴 때 적용하는 법은 민법 제390조야. 채무 불이행과 손해 배상에

관한 규정이지. 채권자는 어떠한 행동을 하도록 요구할 권리가 있는 사람이고 채무자는 그 행동을 할 의무가 있는 사람이야. 만약 채무자가 계약상 약속된 사항을 이행하지 않으면 채권자는 채무 불이행에 대해서 피해를 보상하라고 요구할 수 있어.

처음부터 무효인 계약도 있어

우리 민법은 계약 자유의 원칙에 따라 법을 어기지 않는 범위에서 원하는 당사자와 어떤 내용으로 어떻게 계약을 하든지 개인의 자유를 존중해. 하지만 모든 계약에 법적 효력이 발생하지는 않아.

민법 제103조는 선량한 풍속, 기타 사회 질서에 위반한 사항을 내용으로 하는 법률 행위는 무효로 한다고 규정하고 있어. 예를 들어 두 명의 배우자와 결혼을 한다거나 허위 진술을 해 주면 돈을 주겠다는 계약은 반사회적 법률 행위로 처음부터 무효야. 그리고 민법 제104조는 당사자의 궁박, 경솔, 무경험으로 인하여 현저하게 공정을 잃은 법률 행위도 무효가 된다고 규정했어. 우월한 지위에 있는 사람이 약자에게 폭리를 취하는 것을 막으려는 목적으로 규제를 하는 거지.

궁금해, 공법과 사법

> **사람 사이의 법률**

 형법이 범죄를 저지른 개인과 형벌을 줄 권한을 가진 국가 사이의 관계를 다루는 법이라면, 민법은 사람과 사람 사이의 관계, 즉 사적인 관계를 규정해 놓은 법이야. 사람들 사이에서 일어나는 다툼을 해결하기 위해 만들어진 셈이지.

 그래서 헌법이나 형법과 같이 공적인 권력 관계, 통치 관계 및 공익에 관한 사항을 규율하는 법은 공평하다는 뜻을 지닌 '公(공)' 자를 써서 '공법(公法)'이라고 해. 그리고 개인과 개인 사이의 관계를 규율하는 법은 개인의 사사로운 일이라는 뜻의 '私(사)' 자를 써서 '사법(私法)'이라고 해. 그런데 삼권 분립에서 말하는 입법, 사법, 행정 중 사법은 개인을 뜻하는 '私(사)'자가 아닌 맡기고 살핀다는 뜻의 '司(사)'자를 써서 재판을 하는 법원을 말해. 공법의 반대 개념인 사법(私法)과 입법, 사법, 행정에서의 사법(司法)은 서로 다른 개념이란 걸 주의해.

가족 사이에도 법이 적용돼

민법은 주로 재산이나 가족 관계에서 발생하는 권리와 의무에 대해 다루는 법이야. 물건이나 토지를 사고팔거나 빌리는 계약, 출생과 입양, 약혼과 결혼, 이혼과 양육권, 상속 등 우리가 살아가는 동안 생기는 거의 모든 일에서 벌어질 수 있는 이해관계나 다툼은 민법을 토대로 정하고 해결할 수 있어.

예를 들어 결혼도 당사자가 혼인하겠다고 합의해야 성립되는 법률 행위로 민법에 규정되어 있어. 그리고 결혼할 수 있는 나이와 혼인 신고 여부 등 법률상 보호받는 데 필요한 혼인의 조건도 민법에 정해져 있어.

법은 도덕과 달리 강제력이 있어야 하는데 형법은 형벌로 죄를 짓지 않도록 강제하는 것처럼, 민법은 손해 배상이나 강제 집행 등으로 개인 간의 약속을 지키도록 강제하고 있지.

지식플러스

예약 후 나타나지 않는 손님

만약 횟집 사장님이 단체 예약을 받아서 시간에 맞춰 음식을 준비했는데 손님이 아무 연락도 없이 나타나지 않는다면 어떻게 될까요? 회는 신선도가 중요한 음식이고 보관했다가 다시 팔 수 있는 식재료가 아니어서 막대한 손해가 발생할 거예요. 그리고 아무런 이유 없이 일방적으로 예약을 깨는 일이 자주 발생한다면 사장님은 장사를 더 이상 할 수 없어요. 이렇게 예약을 하고 아무런 연락도 없이 나타나지 않는 것을 노쇼(no-show)라고 해요. 사실, 음식을 사 먹는 것과 아파트를 사겠다는 계약은 민법상 비슷한 효력이 있어서 판매자는 고객에게 채무 불이행에 따른 손해 배상을 청구할 수 있어요. 실제로 일본에서 한 식당 사장이 노쇼 고객과 손해 배상 소송에서 승소한 사례가 있어요. 한편 가게 주인에게 손해를 입히기 위해서 일부러 노쇼를 했다면 거짓말로 업무를 방해한 것이기 때문에 형법의 업무 방해죄가 성립될 수 있어요. 노쇼는 서비스업에 종사하는 사람뿐만 아니라 다른 선의의 소비자에게도 손해를 끼쳐 사회적 갈등과 불필요한 비용을 발생시키는 무책임한 행동이에요.

교과서 속 법 키워드

#민법 사람들 사이의 권리와 의무를 규정한 사적인 생활의 기본 법이에요.

#계약 두 사람 이상이 서로의 약속을 법적으로 맺는 행위예요.

#법률 행위 권리와 의무를 만들거나 바꾸기 위해 의사 표현으로 이루어지는 행동이에요.

#공법과 사법 공법은 국가와 국민 간 관계를 다루고, 사법은 개인 간의 관계를 다뤄요.

#손해 배상 다른 사람에게 피해를 준 경우 그 손해를 물어 주는 일을 말해요.

제6장

신의성실의 원칙을 규정한 민법

빌려주고 속 좁은 사람이 되어 버렸어

파트너

학교에서 그림 잘 그리기로 소문난 예지는 주변에서 그림을 그려 달라는 부탁을 자주 받았어요. 친구들은 주로 만화 캐릭터나 반려동물을 그려 달라고 했고, 그림을 그려 주면 과자나 초콜릿을 줬어요.

그런데 이번에 같은 반이 된 건후도 대단한 실력자였어요. 보통 게임 캐릭터를 그려 주고 건후가 좋아하는 캐릭터 카드나 간식을 받았어요.

둘은 서로의 그림을 보고 감탄했지만 성격이 너무 달라서 처음에는 서먹했어요. 예지는 섬세하고 조용한 성격인데, 건후는 털털하고 활발했거든요. 하지만 방과 후 미술 수업에 같이 참여하면서 금방 친해졌고, 아끼는 미술 재료를 가져와 함께 써 보면서 이런저런 정보를 나눴어요.

어느 날 건후가 제안을 했어요.

"예지야, 우리 같이 그림 그려 볼래?"

"무슨 그림?"

"나 요즘 게임 카드 세트를 만들고 있는데, 네가 색칠을 도와주면 좋겠어. 이걸 완성하면 내가 자주 가는 카페에 올려서 재능 기부 홍보를 해 볼 거야. 사람들이 원하는 그림을 그려 주는 게 난 즐겁거든. 학교 친구들뿐 아니라 우릴 모르는 사람들이 부탁하는 그림을 그려 주다 보면

우리 실력도 더 늘지 않을까? 우리 공동 작업으로 카드 세트를 만들어서 올려 보자. 어때?"

그러면서 건후는 예지에게 자신이 구상 중인 캐릭터를 스케치한 드로잉북을 보여 줬어요.

"와, 색칠해 보고 싶을 만큼 너무 멋지다. 우리 이거 잘되면 귀여운 강아지나 고양이도 그려서 올려 보자."

건후는 멋진 생각이라며 동의했고, 둘은 카드 세트를 만들기 시작했어요.

세상에 하나뿐인 빨강

주말에 건후가 예지 집에 왔어요. 같이 카드를 그리기로 한 날이거든요. 건후가 카드 스케치를 펼쳐 놓자, 예지가 조심스레 상자를 꺼내 왔어요.

"와, 이렇게 가늘고 긴 크레용은 처음 봐."

예지가 상자를 열자 향긋한 향이 퍼지고 건후의 눈도 동그랗게 커졌어요.

"우리 이모가 스위스에 출장 가셨다가 사 온 수성 크레용이야. 이거 봐 봐."

예지가 노란색 크레용 한 개를 꺼내서 종이에 칠하더니 물에 적신 붓으로 쓱쓱 문질렀어요. 몇 번의 붓질로 크레용이 녹으면서 튤립 꽃이 완성되자 건후는 입을 다물지 못했어요.

"오늘은 이걸로 색칠해 보자."

예지 말에 옆에 있던 예지 동생이 자기는 못 쓰게 하는 크레용을 왜 건후 형만 쓰게 하냐며 토라졌어요. 건후와 예지는 사업이 성공하면 맛있는 것을 많이 사 주겠다고 겨우 달랜 후 카드를 색칠하기 시작했어요. 날이 어두워질 무렵 건후가 집으로 돌아가면서 말했어요.

"나 물에 녹는 크레용 하루만 빌려줄 수 있어?"

예지는 잠시 망설이다 흔쾌히 빌려줬어요.

다음 날 아침, 학교에서 크레용 상자를 돌려받은 예지는 깜짝 놀랐어요. 다른 크레용도 많이 닳아 있었지만, 빨간색 크레용은 거의 반 토막만 남아 있었어요.

"야, 너 빨간색 크레용을 이렇게 많이 쓰면 어떡해. 우리나라에는 파는 곳도 없는데."

"미안. 이게 생각보다 빨리 닳더라. 워낙 특이한 색이라 캐릭터 하나를 그리면서 중간에 다른 빨간색 물감으로 바꿀 수가 없었어."

"빨간색은 내가 제일 많이 쓰는 색인데 왜 하필 이걸 다 쓴 거야? 이제 어떻게 할 거야?"

"너는 내 것 안 빌려 썼냐? 동업자끼리 이러기야? 빨간색이 그렇게 중요하면 미리 말을 하지 그랬어."

건후 말이 맞았어요. 사실 이 크레용은 다른 것보다 빨리 닳아서 예지

도 아껴 쓰고 있었거든요. 건후도 일부러 이렇게 많이 쓴 건 아닐 거예요. 그래도 예지는 빌려준 물건을 반이나 쓰는 것은 심하다고 생각했어요. 하지만 주변 친구들은 그렇게 생각하지 않는 것 같았어요.

"겨우 크레용 좀 빌려 썼다고 화를 내다니 치사하다."

"툭하면 건후 재료 빌려 가면서 자기 것 좀 썼다고 엄청 뭐라 그러네. 둘이 같이 만들기로 한 카드를 그리다 그런 건데 말이야."

예지는 빌려주고 치사하다는 소리까지 들으니 억울했어요.

상대방의 믿음을 지켜요

예지는 방과 후 미술 수업에서 빨간색 물감을 짜는 순간, 또 크레용 생각이 났어요.

"선생님, 보통 학용품을 빌리면 조심해서 조금만 써야지 절반이 넘도록 쓰면 그게 치사한 거 아니에요?"

수업이 끝나고 미술 도구를 정리하면서 예지가 선생님께 질문을 하자 하루 종일 예지의 눈치를 보던 건후가 발끈했어요.

"일부러 그런 것도 아닌데 아직도 그 얘기야?"

하지만 예지는 이야기를 계속했어요.

"제가 건후에게 스위스에서 사 온 수성 크레용을 빌려줬거든요. 그런데 건후가 반이나 쓰고 돌려줬어요. 다른 색이면 제가 신경도 안 써요. 하필 제일 많이 쓰는 빨간색이에요. 지금까지 그렇게 선명한 빨간색은 본 적이 없는데……."

예지 말에 선생님이 공감해 주셨어요.

"그 마음 나도 알지. 나도 즐겨 쓰는 물감이 단종될지도 모른다는 소문을 듣고 잔뜩 사 놓았거든. 보통 빌려준 물건을 반 이상 쓰는 것은 신의에 맞는 행동은 아니라고 봐야지. 하지만 그림을 그리다 보면 무아지경이 되는 마음도 이해가 되지 않아?"

"그렇긴 해요. 건후가 거짓말하는 스타일은 아니라 캐릭터 하나만 그리다 그렇게 됐다는 말도 맞을 거예요."

"맞아, 너 계속 아까워하면 정말 치사한 사람 되는 거야. 선생님, 그런데 신의에 맞는 행동이 뭐예요?"

건후의 말에 선생님이 대답했어요.

"내가 얼마 전에 전시를 하느라 갤러리에서 계약서를 받았는데, 신의를 좇아 행동해야 한다는 조항이 있었어. 법률관계를 맺은 사람들은 서로를 배려하고 상대방이 정당하게 기대하는 행동을 저버리지 않아야 한다는 원칙이야. 예를 들어 전시하는 작품이 구상부터 완성까지 모두 남이 그린 작품이라면 갤러리 측은 엄청 곤란해지겠지? 반대로, 갤러리가 작품을 제대로 관리하지 못해 작품이 훼손될 경우 작가가 책임을 져야 한다면 아무도 전시를 열려고 하지 않을 거야. 이런 일들을 일일이 다 계약서에 명기할 수 없으니까 굳이 언급하지 않아도 지켜야 할 신의칙이란 개념을 생각해 두는 거란다."

예지가 다시 선생님에게 물었어요.

"그럼 건후가 제 크레용을 빌려 가서 절반 이상 써 버린 건 신의에 어긋나는 행동이란 말씀이세요?"

"음, 그렇게 볼 수도 있지 않을까? 둘이 법률관계를 맺은 건 아니지만, 민법에서 말하는 신의칙이란 건 어차피 일상생활에서 상식에 맞는 행위인지 아닌지가 기준이 되는 거거든. 예지가 건후에게 크레용을 빌려줄 때, 어느 색 하나를 반 이상 써도 된다고 허락한 건 아니었을 거야. 그

런 건 굳이 말하지 않아도 알 수 있지 않았을까?"

선생님은 건후를 지그시 바라보며 말씀하셨어요. 그러곤 다시 예지를 바라보며 말을 이어 갔어요.

"그런데 건후 입장에서도 억울한 건 있을 거야. 크레용을 빌려줄 때 이 크레용은 빨리 닳으니까 조심해서 아껴 써 달라는 주의 사항을 말해 주었더라면, 건후는 그 말을 지켰을 텐데 말이야."

건후는 고개를 숙이고 잠시 생각하다가 예지를 바라보며 말했어요.

"내가 미안해. 쓰다 보니 금방 닳아 없어지는 것도 모르고 그렇게 많이 써 버렸어. 사실은 나도 당황했는데, 네가 막 몰아붙이니까 널 치사한 애로 만들어 버린 것 같아. 정말 미안."

"그래, 나도 네 입장은 생각 안 하고 너무 몰아세우기만 한 것 같아. 미안해."

예지와 건후가 서로를 바라보며 겸연쩍은 듯 웃자, 선생님은 핸드폰으로 작가들이 애용한다는 인터넷 화방을 보여 주셨어요. 그곳에는 예지가 쓰던 수성 크레용도 낱개로 팔고 있었어요.

다음 날, 건후는 부모님에게 부탁해서 예지를 위한 빨간색 크레용 한 개와 자신이 쓸 수성 크레용 한 세트를 샀어요. 둘은 다시 신나게 카드를 그려 나갔답니다.

계약서에 없는 내용이 왜?

상식과 신뢰를 지키는 법칙

🔍 사회생활을 하기 위해서 꼭 필요한 마음, 신뢰

친구에게 지우개를 빌렸으면 돌려주는 것이 당연하겠지? 보통 빌린 지우개는 다 쓰는 즉시 돌려주곤 해. 아무리 늦어도 방과 후 집에 돌아가기 전까지는 돌려주는 게 상식에 맞는 일일 거고 말이야. 사람마다 생각이 조금씩 다르겠지만, 돌려주는 것을 깜빡 잊어버렸다고 해도 다음 날, 또는 며칠 뒤까지는 돌려줘야 하겠지. 오늘 빌려 간 지우개를 1년 후에 돌려주는 것은 말도 안 되는 일이라고 생각할 거야.

지우개를 얼마나 쓰는지도 마찬가지야. 빌릴 때 어느 정도 써야 할지 정하지 않았어도, 엄지손가락만 한 지우개가 콩알만큼 작아지도록 쓰고 돌려준다면 빌려 쓴 거라고 하기에는 너무 많이 쓴 거겠지.

 이렇게 모든 사람이 사회 공동생활의 일원으로서 상대방의 신뢰에 반하지 않도록 성의 있게 행동할 것을 요구하는 법 원칙을 신의성실의 원칙, 줄여서 신의칙이라고 해. 법에 세세한 규정이 없어도 누구나 상식에 맞게 행동해야 한다는 것이지.

 내 행동이 사회적으로 용인될 수 있는 것인지를 생각하고 상대방의 신

뢰를 저버리지 않는 선택을 한다면, 다툼을 피할 수 있을 거야. 어떤 다툼이 벌어지더라도, 서로 이 신의칙만 떠올린다면 법정까지 가지 않아도 대화를 통해 상식적인 선 안에서 해결할 수 있어.

🔍 신뢰를 지키는 작은 실천

만약 친구와 함께 쿠키 한 상자를 나누기로 약속했다고 해 보자. 반씩 나누기로 했지만, 막상 상자를 열었을 때 마음이 바뀌어서 대부분을 혼자 먹었다면, 친구는 실망할 거야. 작은 약속이라도 지키지 않으면 상대방과의 신뢰가 깨지고 다툼이 생길 수 있어.

또, 함께 만나기로 한 약속 시간에 미리 알리지도 않고 나가지 않거나 자주 늦는다면, 다음에는 다른 친구들에게도 약속 시간을 지키지 않는 사람으로 남을 거야. 이런 사소한 행동들이 쌓이면 관계에 금이 가고 신뢰를 회복하기 어려워.

이처럼 신의칙은 단순한 법의 원칙이 아니라 일상에서 서로를 배려하고 존중하는 마음에서 비롯돼. 계약서나 법으로 정하지 않아도 우리가 믿고 따르는 상식과 신뢰를 기반으로 하는 약속인 셈이야.

법의 틈을 메우는 신의성실의 원칙

모든 것을 다 법으로 정할 수는 없어요

우리 민법은 제2조 1항에서 '권리의 행사와 의무의 이행은 신의를 좇아 성실히 이행하여야 한다.'라는 신의성실의 원칙을 규정하고 있어.

개인 사이에 어떤 약속을 하거나 계약서를 작성한다 하더라도, 그로부터 발생하는 권리와 의무를 세세하게 다 정하거나 기록할 수 없어. 앞서 말한 예시처럼, 지우개를 빌려주면서 '언제까지 얼만큼만 쓰고 돌려줘야 한다.'라고 굳이 정하지 않는 것과 마찬가지로 말이야.

계약 관계의 불분명한 부분은 법이 정하고 있지만, 법도 어떤 면에선 마찬가지야. 우리 사회는 매우 다양하고 복잡해. 또 끊임없이 변화해 나

가지. 처음부터 완벽한 법을 만들면 좋겠지만 사회생활을 하면서 일어나는 모든 일을 다 예상하고 규율하는 법을 만들 순 없어. 시대 흐름에 맞게

새로운 법을 만들고 수정하고 폐지할 때까지 법의 공백이 생길 때도 있지. 신의칙 규정은 이렇게 개인의 계약 내용에서 모자란 부분이나, 법과 정의 사이에 발생한 틈을 보충하는 역할을 해.

그런데 신의라는 것은 추상적인 개념이고 해석하기 나름일 때가 많지. 그래서 이것만을 기준으로 해석하면 법의 안전성을 해칠 수 있다는 점을 주의해야 해.

법정에서 다투게 되는 민사 사건의 경우, 맨 먼저는 계약 내용을 살펴보고, 그 내용의 이행 여부를 판단할 법규가 있다면 그 법을 먼저 적용하고, 그 상황에 적용할 법이 없는 경우에만 신의칙을 기준으로 판단해.

민법에서 신의성실의 원칙은 법적 분쟁을 해결할 때 중요한 기준 중 하나가 되지만, 그 해석에 신중을 기해야 해. 신의칙만으로 모든 분쟁을 해결할 수 없고, 특히 법적으로 구체적인 규정이 없는 상황에서만 보충적으로 사용돼. 예를 들어, 계약서에 명시되지 않은 사항이나 법적으로 명확한 규정이 없는 경우, 신의성실의 원칙을 통해 상식적으로 합리적인 해석을 시도하는 거야. 따라서 법정에서는 법적 규정과 신의칙을 적절히 결합하여 공정한 판단을 내려야 해.

궁금해, 민법의 기본 원칙

개인의 자유 보장

민법은 역사가 길어. 유럽 사람들은 이미 고대 로마법부터 민법의 틀을 갖추기 시작했어.

우리나라 민법도 유럽의 근대 민법에서 많은 영향을 받아 만들어졌어. 왕이나 귀족을 중심으로 하는 봉건 시대를 벗어나 근대에 이르면서 개인의 자유가 중요해졌지. 당시의 자유는 국가로부터의 자유였기 때문에 민법도 개인 간의 자유로운 계약을 보장했어.

국가로부터 간섭받지 않고 내가 갖고 싶은 것을 갖고, 살고 싶은 곳에서 살고, 결혼하고 싶은 사람과 결혼하는 자유를 인정받는 시대가 되었고, 이러한 시대상이 법에 반영된 거야.

우리나라 민법도 각 개인이 소유한 재산을 국가나 다른 사람이 간섭하지 못한다는 '사유 재산의 원칙'과 저마다 자유로운 의사에 따라 법률 행위를 하는 '사적 자치의 원칙', 그리고 자신의 결정으로 행동한 결과에 대해서만 책임을 진다는 '과실 책임의 원칙'을 따르고 있어.

더불어 살아가기 위한 자유

자본주의가 발달한 20세기에 들어서면서 개인의 자유만을 강조하는 민법의 원칙에 변화가 생겼어. 전기나 가스, 도로와 같이 여러 사람이 공동으로 이용하는 물건이나 재산에 관한 계약을 개인의 자유에만 맡긴다면 개인이 독점하여 가격을 마음대로 높일 수 있을 거야. 그러면 대다수의 사람이 곤란을 겪어도 막기 어려워질 테고 말이야. 그래서 공공의 영역에서만큼은 '사유 재산의 원칙'에 제약을 가해 국가가 나서서 계약 당사자 사이를 조율해.

또 회사와 근로자 사이의 노동 계약을 전적으로 개인의 자유에 맡긴다면 고용주가 아무리 열악한 조건을 제시해도 노동자들은 동의할 수밖에 없어. 그래서 최저 임금이나 노동 시간을 노동법에서 제한해 두었어. 이는 '사적 자치의 원칙'을 제한한 거지.

회사가 근로자의 업무를 통해서 이익을 얻었다면 노동자가 업무 중 다쳤을 때 회사의 고의나 과실이 없더라도 일정액의 보상을 하는 제도를 도입했어. 이는 '과실 책임의 원칙'만을 적용할 경우 경제적 약자인 근로자를 보호할 수 없기 때문이야.

이제 민법의 자유는 내 마음대로 할 자유에서 내가 남과 더불어 살기 위한 자유로 발전하고 있어.

지식플러스

유통 기한이 있는 권리도 있어요

일정 기간 권리를 주장하지 않으면 사라지는 권리도 있어요. 우리 민법은 권리를 주장할 수 있음에도 불구하고 오랫동안 권리를 행사하지 않을 경우 법의 보호를 받지 못한다는 제도를 두고 있는데 이를 '소멸 시효'라고 해요. 권한에 따라서 소멸 시효가 없는 권리도 있는 한편, 20년간 주장하지 않으면 소멸하는 권리부터 6개월 만에 없어지는 권리도 있어요. 예를 들어 음식값, 연예인의 출연료, 학원비 등에 대해서는 1년간 돈을 달라고 요구하지 않으면 돈을 받을 권리가 사라져요. 소멸 시효 제도를 두는 이유는 법이 권리의 행사를 게을리하는 사람, 즉 '권리 위에서 잠자는 사람'을 보호할 필요가 없고, 오랜 시간 권리를 행사하지 않았다면 증거가 없어져서 법률관계를 증명하기 어렵기 때문이에요. 또 권리의 존재를 모르고 거래한 제3자들을 보호해서 사회 질서를 유지하는 역할을 해요.

교과서 속 법 키워드

#신의성실의 원칙 서로 믿고 정직하게 약속을 지켜야 한다는 규칙이에요.

#사유 재산의 원칙 내가 가진 물건은 내 것이고, 함부로 뺏을 수 없다는 규칙이에요.

#사적 자치의 원칙 내가 하고 싶은 계약이나 약속은 스스로 정할 수 있다는 규칙이에요.

#소멸 시효 오랫동안 권리를 사용하지 않으면 그 권리가 없어질 수 있다는 규칙이에요.